MOEWIG

DR. OETKER KOCHBUCH

DR. OETKER KOCHBUCH

Wild und Geflügel

MOEWIG

Alle Rezepte wurden in der Dr. Oetker-Versuchsküche ausprobiert und bieten die Garantie für gutes Gelingen. Dr. Oetker-Kochbücher sind deshalb Bestseller, weil die Rezepte mühelos nachgekocht werden können.

Verlag Arthur Moewig GmbH, Rastatt

Lizenzausgabe mit Genehmigung des Ceres Verlags
Umschlagfoto: Christian Teubner
Fotos im Innenteil: C. P. Fischer
Verkaufspreis inkl. gesetzl. Mehrwertsteuer
Printed in Germany 1986
Druck und Bindung: Elsnerdruck, Berlin
ISBN 3-8118-7444-6

Inhalt

Vorwort

Nicht mehr zu bestimmten Monaten, sondern mit Hilfe der modernen Konservierungsmethoden zu jeder Jahreszeit, können die Freunde des Wildbrets von ihnen bevorzugte Gerichte bereiten. Und die Beliebtheit von Wild- und Geflügelfleisch nimmt immer mehr zu.

„Wild und Geflügel" vermittelt in der Dr. Oetker Versuchsküche sorgfältig erprobte Rezepte zu diesem Spezialgebiet und gibt mit einem Wild- und Geflügel-Kalender sowie genauen Anleitungen für die Vorbehandlung noch nicht küchenfertiger Tiere ausführliche Anleitungen, die es jedem ermöglichen, Wild und Geflügel in wohlschmeckende Gerichte zu verwandeln.

Küchentechnische Grundbegriffe

In den folgenden Rezepten sind die Zutaten in Gramm angegeben, um das Gelingen zu gewährleisten.
Für das Abmessen kleiner Mengen jedoch soll die nachstehende Tabelle eine Hilfe sein.

kg	=	Kilogramm
g	=	Gramm
l	=	Liter
Eßl.	=	Eßlöffel
Teel.	=	Teelöffel

1 kg	=	1000 g (1 l Wasser)
1/2 kg	=	500 g (1 Pfund)
1/8 l Flüssigkeit	=	8 Eßl.
10 g Weizenmehl	=	1 gestrichener Eßl.
25 g Weizenmehl	=	1 gut gehäufter Eßl.
2 g Dr. Oetker Gustin	=	1 gestrichener Teel.
10 g Dr. Oetker Gustin	=	1 schwach gehäufter Eßl.
15 g Dr. Oetker Gustin	=	1 gut gehäufter Eßl.
25 g Dr. Oetker Gustin	=	2 1/2 schwach gehäufte Eßl.
10 g Semmelmehl	=	1 gestrichener Eßl.
12 g Grieß	=	1 gestrichener Eßl.
5 g Salz	=	1 gestrichener Teel.
15 g Salz	=	1 gestrichener Eßl.
3 g Dr. Oetker Backpulver Backin	=	1 gestrichener Teel.

Abziehen (legieren)
Eigelb oder das ganze Ei mit etwas Flüssigkeit (Wasser oder Sahne) verquirlen und unter Rühren in die kochendheiße Speise geben, diese darf nicht mehr aufkochen.

Anschwitzen (andünsten)
Erhitzen des Kochgutes (Suppengrün, Zwiebel, Gemüse) in heißem Fett, ohne daß es bräunt.

Ausbacken (fritieren)
Garen in heißem Fett, das Kochgut muß darin schwimmen. Entweder verwendet man dazu nur Speiseöl oder nur festes Fett, z. B. Kokosfett, aber nicht Öl und festes Fett gemischt.

Backen Garen durch heiße Luft im Backofen oder in Spezialgeräten, wie Backhaube, Waffeleisen, usw.

Binden Suppen oder Saucen mit kalt angerührtem Gustin oder Mehl sämig machen.

Braten Garen in Fett bei hoher Temperatur im Brattopf, in der Pfanne, im Backofen auf dem Rost oder in der Rostbratpfanne. Wichtig ist die schnelle und gute Bräunung, bei der sich Röst- und Aromastoffe bilden.

Dämpfen Garen im Siebeinsatz in Wasserdampf im gut verschlossenen Topf. Der Nährstoffverlust ist gering, da das Kochgut nicht unmittelbar mit dem Kochwasser in Berührung kommt.

Dünsten Garen im eigenen Saft, wenn nötig unter Zugabe von etwas Fett oder Flüssigkeit. Die Nährstoffe bleiben weitgehend erhalten.

Flambieren Das Gericht mit Alkohol übergießen und anzünden.

Gar ziehen lassen Das Kochgut knapp unter der Kochtemperatur halten.

Grillen Garen durch Strahlungshitze bei besonders hoher Temperatur.

Kochen Garen in Flüssigkeit. Nur anzuwenden, wenn die Flüssigkeit zu Suppen oder Saucen verwendet werden kann, da ein Teil der Nährstoffe in das Kochwasser übergeht. Grundsätzlich muß das Kochgut bei hoher Einstellung zum Kochen gebracht und dann bei niedriger Einstellung kochend gehalten werden, ohne überzukochen. Bei Herden mit Automatikplatten, die auf den Bereich „Kochen“ gestellt werden können, entfällt das Umstellen, denn der Kochvorgang wird selbsttätig durch die Temperaturautomatik überwacht.

Panieren	Das Bratgut nacheinander wenden in Mehl, verschlagenem Ei und Semmelmehl.
Schmoren	Anbraten in Fett im offenen Gefäß bis zur Bräunung und garen unter Zugabe von Flüssigkeit im geschlossenen Topf.
Überbacken (gratinieren)	Fertige Speisen, die mit geriebenem Käse oder Semmelmehl und Butterflöckchen belegt sind, bei starker Hitze von oben bräunen oder überkrusten lassen.

Wild

Wildkalender

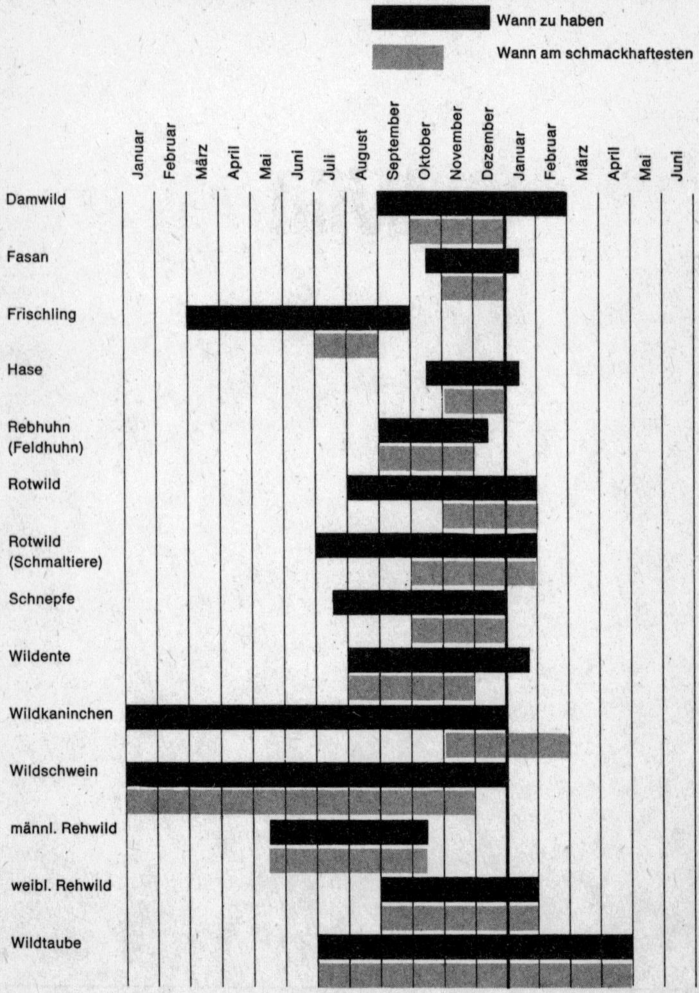

Rehrücken mit Bananen

1 Rehrücken	
(1 – 1 1/2 kg)	waschen, abtrocknen, enthäuten, mit
Salz	einreiben, mit
40 g weicher Butter	
oder Margarine	bestreichen
	die Hälfte von
125 g fetten	
Speckscheiben	in eine mit Wasser ausgespülte Rostbratpfanne legen, den Rehrücken darauf legen, mit den restlichen Speckscheiben belegen (es ist gut, an den beiden Enden des Rehrückens je ein Holzstäbchen – Spieß – in die Wirbelsäule zu stecken, damit sich beim Braten die Enden nicht nach oben biegen), die Rostbratpfanne in den Backofen schieben sobald der Bratensatz bräunt, etwas von
1/2 l heißem Wasser	hinzugießen, das Fleisch braten lassen, ab und zu mit dem Bratensatz begießen, verdampfte Flüssigkeit nach und nach ersetzen
Suppengrün	
(Möhre, Porree, Sellerie)	putzen, waschen, kleinschneiden
1 Zwiebel	abziehen, vierteln
	nach etwa 20 Minuten Bratzeit Suppengrün, Zwiebel,
1 Lorbeerblatt	
2 Nelken	
2 zerdrückte	
Wacholderbeeren	dazugeben, den Rehrücken noch weitere 20 Minuten braten lassen, das Fleisch darf nicht ganz durchgebraten sein, sondern muß beim Anschneiden einen rosa Schimmer haben
	das gare Fleisch von den Knochen lösen (die Stäbchen herausnehmen), das Fleisch in Scheiben schneiden (evtl. wieder auf das Knochengerüst legen), auf einer vorgewärmten Platte anrichten, warm stellen
	den Bratensatz mit

1/8 – 1/4 l saurer Sahne	loskochen, durch ein Sieb gießen, zum Kochen bringen
1 Eßl. Dr. Oetker Gustin	mit
2 Eßl. kalter Milch	anrühren, den Bratensatz damit binden, die Sauce mit Salz,
Zitronensaft	
Weißwein	
1 Eßl. Johannisbeergelee	abschmecken
	nach Belieben
1 Eßl. angebratene Speckwürfel	unter die Sauce rühren
4 Bananen	schälen, längs halbieren
40 g Butter	zerlassen, die Bananenhälften darin goldbraun braten, mit Salz bestreuen, mit dem Rehrücken anrichten
	die Sauce getrennt dazureichen
Gas:	Regler 3 1/2 – 4 1/2 (Rostbratpfanne muß in der Mitte des Backofens sein)
Strom:	Regler 220–230 (Rostbratpfanne auf die untere Schiene schieben)
Bratzeit:	35–50 Minuten, je nach Größe des Rehrückens
Beigabe:	Spaghetti
Getränk:	Rotwein

Glasierter Rehrücken (kalt)

1 Rehrücken (etwa 1 1/2 kg)	waschen, abtrocknen, enthäuten, mit
Salz	einreiben, mit
40 g weicher Butter oder Margarine	bestreichen
	die Hälfte von
80 g fetten Speckscheiben	in eine mit Wasser ausgespülte Rostbratpfanne legen, den Rehrücken darauf legen, mit den restlichen Speckscheiben belegen (es ist gut, an den beiden Enden des Rehrückens je ein Holzstäbchen – Spieß – in die Wirbelsäule zu stecken, damit sich beim Braten die Enden nicht nach oben biegen), die Rostbratpfanne in den Backofen schieben
2 Wacholderbeeren	zerdrücken
1 Zwiebel	abziehen, vierteln
	sobald der Bratensatz bräunt, Wacholderbeeren und Zwiebelviertel dazugeben, miterhitzen
	etwas von
1/2 l heißem Wasser	hinzugießen, das Fleisch braten lassen, ab und zu mit dem Bratensatz begießen, verdampfte Flüssigkeit nach und nach ersetzen, das gare Fleisch von den Knochen lösen, die Stäbchen herausziehen, das Fleisch in Scheiben schneiden (wieder auf das Knochengerüst legen), auf einer vorgewärmten Platte anrichten, warm stellen
	den mit wenig Wasser losgekochten Bratensatz durch ein Sieb gießen, erkalten lassen, entfetten, wieder zum Kochen bringen, unter ständigem Rühren so lange einkochen lassen, bis die Sauce dicklich wird (sie muß aber noch glänzen), die Sauce mit einem Pinsel über das Fleisch streichen, den kalten Rehrücken nach Belieben mit

Artischockenböden	
Tomatenvierteln	
Pilzen	
Petersilie	anrichten
Gas:	Regler 3 1/2 – 4 1/2 (Rostbratpfanne muß in der Mitte des Backofens sein)
Strom:	Regler 220–230 (Rostbratpfanne auf die untere Schiene schieben)
Bratzeit:	35–50 Minuten, je nach Größe des Rehrückens
Beigabe:	Toast
Getränk:	Rotwein

Reh - Jägersalat

500 g Rehfleisch (gekocht oder gebraten)	
5 Äpfel	schälen, vierteln, entkernen
3 saure Gurken	
	die Zutaten in kleine Würfel schneiden, eine Mayonnaise bereiten aus:
1 Eigelb	
1 Eßl. Essig oder Zitronensaft	
1–2 Teel. Senf	
Salz	
1 Teel. Zucker	
1/8 l Salatöl	
10 g Dr. Oetker Gustin	mit
1/8 l kaltem Wasser	anrühren, unter ständigem Rühren zum Kochen bringen, den heißen Brei unter die Mayonnaise schlagen die geschnittenen Zutaten mit der Mayonnaise binden, nach Belieben in
Orangenkörbchen	füllen
oder	auf
Salatblättern	anrichten

Wildsalat

250 g Rehfleisch (gekocht oder gebraten)	
150 g Senfgurken	
1 Apfel	schälen, vierteln, entkernen
	die Zutaten in Streifen schneiden, mit
Salz	
Ingwerpulver	würzen
	eine Mayonnaise bereiten aus:
1 Eigelb	
1 Eßl. Essig oder Zitronensaft	
1–2 Teel. Senf	
Salz	
1 Teel. Zucker	
1/8 l Salatöl	
	die Salatzutaten mit der Mayonnaise binden, den Salat auf einer Platte anrichten
1 Apfelsine (ungespritzt)	waschen, halbieren, in Scheiben schneiden, kranzförmig um den Salat legen
1–2 Eßl. Johannisbeergelee	auf die Apfelsinenscheiben verteilen
Beigabe:	Toast, Butter
Getränk:	Rotwein

Wildkrusteln

375 g gekochtes Wildfleisch (Reh, Hase oder Hirsch)	
60 g fetter Speck	
125 g Champignons (aus der Dose)	abtropfen lassen
2 Zwiebeln	abziehen
	die Zutaten in kleine Würfel schneiden, mit
3 Eßl. gehackter Petersilie	mischen, mit
Salz	
geriebener Muskatnuß	abschmecken
1/4 l Wildbrühe	zum Kochen bringen
60 g Dr. Oetker Gustin	mit
5 Eßl. Rotwein	anrühren, die Brühe damit binden, die Sauce mit
Zitronensaft	
Majoran	
Zucker	abschmecken, den Gustinbrei unter das Fleisch rühren
	ein Backblech mit
1 Stück Dr. Oetker alufolie	belegen, mit
Speiseöl	bestreichen, die Fleischmasse etwa 1 cm dick darauf streichen, kalt stellen
	die feste Masse in 5 × 3 cm große Stücke schneiden
	die Fleischstücke zuerst in
50 g Weizenmehl	dann in
1 verschlagenen Ei	zuletzt in
80 g Semmelmehl	wenden
	etwas von
1/8 l Olivenöl	erhitzen, die Krusteln darin portionsweise von beiden Seiten goldgelb braten
Bratzeit:	Etwa 5 Minuten
Beigabe:	Kopf-, Bohnen-, Gurken- und Tomatensalat
Getränk:	Weißwein

Veränderung: Die Fleischmasse zu Rollen von etwa 3 cm Durchmesser formen, in Stücke schneiden, wie oben beschrieben, panieren, schwimmend in heißem Öl backen.

Wildragout in Rotweinsauce

500 g Reh- oder Hirschfleisch	waschen, abtrocknen, enthäuten, in Würfel schneiden
1 Zwiebel	abziehen, vierteln, mit
2 Nelken	spicken, mit dem Fleisch,
1 Lorbeerblatt	
3–4 Pfefferkörnern	in
1/2 l kochendes Salzwasser	geben, zum Kochen bringen, gar kochen lassen die Fleischbrühe durch ein Sieb gießen, evtl. mit Wasser auf 1/2 l Flüssigkeit auffüllen.
40 g Fett	zerlassen
50 g Weizenmehl	unter Rühren so lange darin erhitzen, bis es hell- bis dunkelbraun ist.
1 Zwiebel	abziehen, würfeln, in das leicht gebräunte Mehl geben, die Fleischbrühe hinzugießen, mit einem Schneebesen durchschlagen, zum Kochen bringen, etwa 10 Minuten ziehen lassen, die Sauce mit
Salz	
Zucker	
Rotwein (evtl. etwas Zitronensaft)	abschmecken
1 saure Gurke	in Würfel schneiden, dazugeben

Kochzeit: 1–2 Stunden, je nach Fleischqualität

Beigabe: Semmelknödel oder Butternudeln

Getränk: Bier oder Rotwein

Veränderung: Um den Wildgeschmack zu mildern, das Fleisch eine Nacht in eine Marinade aus 1/4 l Essig und 1/2 l Wasser legen, das Fleisch wie oben zubereiten (Marinade nicht verwenden), jedoch nicht mehr mit Essig oder Zitronensaft abschmecken.

Warme Wildpasteten

200 g Wildfleisch	
(Reh, Hase oder Hirsch)	waschen, abtrocknen, enthäuten, mit
60 g fettem Speck	durch die feine Scheibe des Fleischwolfs drehen
1 Zwiebel	abziehen, würfeln, mit
2 Eßl. gehackter Petersilie	
Thymian	
2 Eßl. Sahne	
1 Eßl. Portwein	unter die Fleischmasse rühren, mit
Salz	abschmecken
1 Packung (300 g) Dr. Oetker Tiefkühl-Markt	
Blätterteig	bei Zimmertemperatur auftauen lassen, zu einem Rechteck von 30 × 40 cm ausrollen, in 12 Quadrate von 10 × 10 cm rädern, die Fleischmasse auf die Teigstücke verteilen
1 Eiweiß	verschlagen, die 4 Teigecken damit bestreichen, sie über der Füllung mit einem Holzstäbchen zusammenhalten
1 Eigelb	verschlagen, die Pasteten damit bestreichen, auf ein mit kaltem Wasser abgespültes Backblech legen

Gas:	Regler 5 Minuten vorheizen 3–4, backen 3–4
Strom:	Regler 200–225
Backzeit:	Etwa 15 Minuten
Beigabe:	Cumberlandsauce oder Preiselbeerkompott
Getränk:	Rotwein

Rehsteak mit Sauerkirschen

50 g Speck	in kleine Würfel schneiden
2 Zwiebeln	abziehen, würfeln
	den Speck auslassen, die Zwiebelwürfel,
10 g Weizenmehl	darin erhitzen
1/4 l saure Sahne	hinzugießen, mit einem Schneebesen durchschlagen, die Sauce zum Kochen bringen, etwa 10 Minuten ziehen lassen, mit
Salz	abschmecken
4 Scheiben Rehfleisch (je etwa 125 g, 2 cm dick, aus der Keule geschnitten)	leicht flach klopfen, etwas zusammendrücken
2 Eßl. Olivenöl	erhitzen, die Steaks von beiden Seiten darin braten, ab und zu mit dem Bratfett begießen, erst, nachdem die untere Fleischseite gebräunt ist, die Fleischstücke wenden, mit Salz bestreuen
4 Scheiben Weißbrot	in
zerlassener Butter	goldgelb rösten (nach Belieben das Brot nur toasten),
	auf eine vorgewärmte Platte geben, die Steaks darauf legen
6 Wacholderbeeren	zerdrücken, über die Steaks streuen
	den Bratensatz mit Wasser loskochen, unter die Sauce rühren, über das Fleisch verteilen
200 g gedünstete Sauerkirschen (ohne Stein)	mit
1 Eßl. Johannisbeergelee	kurze Zeit erhitzen, nach Belieben auf die Steaks geben
oder	auf
Orangenscheiben	anrichten

Bratzeit: 4–8 Minuten
Getränk: Rotwein

Rehsteak mit Champignons

(gegrillt)

Farbfoto auf Seite 33

200–250 g Champignons (aus der Dose)	abtropfen lassen, in Scheiben schneiden
40 g Butter oder Margarine	zerlassen, die Champignons darin dünsten lassen, mit
Salz Pfeffer	würzen
gehackte Petersilie	unterrühren, warm stellen.
4 Scheiben Rehfleisch (je etwa 125 g, 2 cm dick, aus der Keule geschnitten)	leicht flach klopfen, etwas zusammendrücken, dünn mit
Olivenöl	bestreichen, auf den heißen Grillrost legen, unter den vorgeheizten Grill schieben, zunächst von der einen, dann von der anderen Seite grillen die Steaks nach dem Grillen leicht mit Salz, Pfeffer bestreuen die Steaks mit den Champignons auf einer vorgewärmten Platte anrichten
Dünstzeit:	Etwa 8 Minuten
Grillzeit	
Gas:	1. Seite 3–5 Minuten, 2. Seite 2–3 Minuten
Strom:	Jede Seite 5–6 Minuten
Getränk:	Rotwein

Reh — Rehsteak in gehobelten Mandeln

4 Scheiben Rehfleisch (je etwa 125 g, 2 cm dick, aus der Keule geschnitten)	leicht flach klopfen, etwas zusammendrücken, mit
Salz	
geriebener Muskatnuß (nach Belieben)	bestreuen
	das Fleisch zuerst in
etwa 2 Eßl. Weizenmehl	dann in
1 verschlagenen Ei	zuletzt in
80 g Spaltmandeln	wenden
50 g Butter oder Margarine	zerlassen, die Steaks von beiden Seiten darin braten, darauf achten, daß die Mandeln nicht zu dunkel werden, auf einer vorgewärmten Platte anrichten den Bratensatz mit Wasser loskochen, darüber verteilen

Bratzeit:	4–8 Minuten
Beigabe:	Butterreis oder Kartoffelbrei mit Preiselbeerkompott
Getränk:	Rotwein

Rehgulasch

Farbfoto auf Seite 34

500–750 g Rehfleisch	waschen, abtrocknen, enthäuten, in Würfel schneiden, etwa 3 Stunden in kaltes Wasser legen, damit das Fleisch hell wird (das Wasser ab und zu erneuern), danach das Fleisch abtropfen lassen, etwas abtrocknen
50 g fetten Speck	in Würfel schneiden
2 Zwiebeln	abziehen, würfeln
2 Eßl. Olivenöl	erhitzen, das Fleisch von allen Seiten gut darin anbraten, Speck- und Zwiebelwürfel hinzugeben, mitbräunen lassen
1 Lorbeerblatt	
3 Nelken	
5 zerdrückte Wacholderbeeren	hinzufügen
1/4 l heiße Fleischbrühe (z. B. zubereitet mit ETO Klare Fleischsuppe)	
1/8 l Rotwein	hinzugießen, das Fleisch gar schmoren lassen
50 g Schwarzbrot	zerkrümeln, in
1/8 l Rotwein	einweichen wenn das Fleisch gar ist, das Schwarzbrot in die kochende Flüssigkeit geben, evtl.
1 Teel. Dr. Oetker Gustin	mit
1 Eßl. kaltem Wasser	anrühren, das Gulasch damit binden
1–2 Eßl. Johannisbeergelee	unterrühren, das Gulasch mit
Salz	
Pfeffer	
Paprika	abschmecken
Schmorzeit:	1 – 1 1/2 Stunden, je nach Fleischqualität
Beigabe:	Semmelknödel oder Butternudeln
Getränk:	Bier oder Rotwein

Reh Wildsalat auf „südländische Art"

350 g Wildfleisch (Reh, Hase oder Hirsch, gekocht oder gebraten)	
125 g blaue Weintrauben	waschen, halbieren, entkernen
1 Apfel	schälen, vierteln, entkernen
	die Zutaten in kleine Würfel schneiden
200 g Mandarinenspalten (aus der Dose)	abtropfen lassen
	eine Mayonnaise bereiten aus:
1 Eigelb	
2 Teel. Senf	
1 Eßl. Zitronensaft	
1 Teel. Zucker	
Salz	
Pfeffer	
1/8 l Salatöl	
	die Salatzutaten mit der Mayonnaise binden, den Salat gut durchziehen lassen, mit Salz abschmecken, nach Belieben portionsweise auf
Ananasscheiben	anrichten, mit
Petersilie	garnieren
Beigabe:	Toast, Butter
Getränk:	Sherry oder Rotwein

Farbtafeln

Auf den folgenden acht Seiten finden Sie Farbfotos zu diesen Rezepten:

Wild in Aspik

1 Päckchen Dr. Oetker Regina-Gelatine gemahlen, weiß	mit
3 Eßl. kaltem Wasser	anrühren, 10 Minuten zum Quellen stehenlassen, unter Rühren erwärmen, bis sie gelöst ist, kühl stellen
250 g Äpfel	schälen, vierteln, entkernen
250 g Wildfleisch (Reh, Hase oder Hirsch, gekocht oder gebraten)	
	die Zutaten in kleine Würfel oder feine Streifen schneiden, in eine Schüssel geben
2 Eßl. Johannisbeersaft	
2 Eßl. Zitronensaft	hinzufügen, mit
Madeira	
Weinbrand	
Salz	
Zucker	abschmecken
1/8 l Wasser	
1/8 l Weißwein	
6 Eßl. Essig	
3 Eßl. Madeira	verrühren, die lauwarme Gelatinelösung hinzufügen, mit Zucker, Salz abschmecken nach Belieben eine Kasten- oder Rehrückenform (etwa 30 cm lang) oder mehrere kleine Formen mit Wasser ausspülen, so viel von der Aspikflüssigkeit hineingießen, daß der Boden etwa 1 cm hoch bedeckt ist, die Form kalt stellen wenn die Schicht erstarrt ist, sie mit
Mandarinenspalten	
Kirschen	garnieren, vorsichtig einige Eßl. Aspikflüssigkeit darüber gießen, die Form wieder kalt stellen über das erstarrte Aspik den Wildsalat gleichmäßig verteilen, die restliche Flüssigkeit darüber gießen, die Form kalt stellen

wenn das Aspik schnittfest geworden ist, es mit einem Messer vorsichtig vom Rand der Form lösen (evtl. die Form vorher kurz in heißes Wasser halten), auf eine Platte stürzen, nach Belieben mit

Petersilie *Mandarinenspalten* *Kirschen* *Weintrauben*	garnieren
Beigabe:	Toast
Getränk:	Rotwein oder Bier

Reh Rehgeschnetzeltes auf ungarische Art

Farbfoto auf Seite 35

1 rote und 1 grüne Paprikaschote	halbieren, entstielen, entkernen, waschen, die weißen Scheidewände entfernen, in Streifen schneiden
4 Zwiebeln	abziehen, halbieren, in Scheiben schneiden
400 g Rehfleisch (Filet oder aus dem Rücken)	waschen, abtrocknen, enthäuten, in feine Streifen schneiden
50 g Butter oder Margarine	zerlassen, die Fleischstreifen unter Wenden etwa 6 Minuten darin braten lassen, warm stellen, die Zwiebelscheiben zu dem Bratfett geben, goldgelb dünsten lassen, die Paprikastreifen hinzufügen, kurz mitdünsten, mit
Salz, Pfeffer Paprika edelsüß	würzen
1/4 l Fleischbrühe (z. B. zubereitet mit ETO Klare Fleischsuppe)	hinzugießen, zum Kochen bringen, das Gemüse etwa 30 Minuten kochen lassen
220 g Rote Bete (aus dem Glas)	abtropfen lassen
1 Gewürzgurke	
	die Zutaten in Streifen schneiden, mit den Fleischstreifen zu dem Paprika-Zwiebelgemüse geben, zum Kochen bringen, 5–10 Minuten kochen lassen
1 schwach gehäuften Teel. Dr. Oetker Gustin	mit
4 Eßl. saurer Sahne	anrühren, das Geschnetzelte damit binden, mit
1 Eßl. gehackter Petersilie	bestreuen
Garzeit:	Etwa 1 Stunde
Beigabe:	Petersilienkartoffeln oder Kartoffelklöße
Getränk:	Rotwein oder Rosé

Hirschsteak auf Ananas mit Sauce bearnaise

Farbfoto auf Seite 36

	Für die **Sauce bearnaise**
100 g Butter	zerlassen, etwas abkühlen lassen
1 kleine Zwiebel	abziehen, fein würfeln, mit
gehacktem Estragon	
gehacktem Basilikum	
geschrotetem, schwarzem Pfeffer	
1 Teel. Weinessig	
2 Eßl. Weißwein	zum Kochen bringen, etwa 5 Minuten kochen, etwas abkühlen lassen, mit
2 Eigelb	im Wasserbad oder auf der Automatikplatte so lange schlagen, bis die Masse dicklich ist, die etwas abgekühlte Butter darunter schlagen, mit
Salz	
Pfeffer	
Zucker	abschmecken, in heißem Wasser warm halten
4 Scheiben Ananas (aus der Dose)	abtropfen lassen
600 g Hirschrücken (ohne Knochen)	waschen, abtrocknen, enthäuten, in etwa 3 cm dicke Scheiben schneiden, leicht flach drükken, von beiden Seiten mit
Senf	bestreichen
3 Eßl. Speiseöl	erhitzen, die Steaks von beiden Seiten darin braun braten, beide Seiten mit Salz, Pfeffer bestreuen, warm stellen
etwas Butter	zerlassen, die Ananasscheiben darin goldbraun braten, auf eine vorgewärmte Platte legen, die Steaks darauf legen, mit der Sauce bearnaise bedecken, mit
Tomatenachteln	
Petersilie	garnieren

Zubereitungszeit *für die Sauce:*	Etwa 10 Minuten
Bratzeit *für die Steaks:*	Etwa 12 Minuten
Für die Ananasscheiben:	Etwa 5 Minuten
Beigabe:	Toast
Getränk:	Rotwein

Hirschrücken in Sahne

Farbfoto auf Seite 37

Etwa 1 1/2 kg Hirschrücken	waschen, abtrocknen, enthäuten, mit
Salz	einreiben, mit
50 g weicher Butter oder Margarine	bestreichen
	die Hälfte von
100 g fetten Speckscheiben	in eine mit Wasser ausgespülte Rostbratpfanne legen, den Rücken darauf legen, mit den restlichen Speckscheiben belegen, die Rostbratpfanne in den Backofen schieben
6 Wacholderbeeren	zerdrücken
2 Zwiebeln	abziehen, vierteln
	sobald der Bratensatz bräunt, Wacholderbeeren, Zwiebelviertel dazugeben, miterhitzen
	etwas von
1/2 l heißem Wasser	hinzugießen, das Fleisch braten lassen, ab und zu wenden, mit dem Bratensatz begießen, verdampfte Flüssigkeit nach und nach ersetzen
	etwa nach der Hälfte der Bratzeit
1/4 l saure Sahne	über das Fleisch gießen, mitbraten lassen
	den garen Hirschrücken von den Knochen lösen, das Fleisch in Scheiben schneiden, auf einer vorgewärmten Platte anrichten, warm stellen
	den Bratensatz mit Wasser loskochen (nach Belieben durch ein Sieb gießen)
2 gestrichene Eßl. Dr. Oetker Gustin	mit
2 Eßl. kaltem Wasser	anrühren, den Bratensatz damit binden, die Sauce mit Salz,
Zucker	
Zitronensaft	abschmecken
Gas:	Regler 3 1/2 – 4 1/2 (Rostbratpfanne muß in der Mitte des Backofens sein)

Strom:	Regler 200–210 (Rostbratpfanne auf die untere Schiene schieben)
Bratzeit:	1 1/4 – 11/2 Stunden
Beigabe:	Kartoffelklöße oder Butternudeln
Getränk:	Rotwein

Hirsch Försterspieße m. Cumberlandsauce

Farbfoto auf Seite 38

	Für die **Cumberlandsauce**
Schale einer Apfelsine (ungespritzt)	waschen, von der weißen inneren Haut befreien, in sehr feine Streifen schneiden, mit
3 Eßl. Rotwein	vermengen, in einem kleinen Topf 10 Minuten kochen lassen, kalt stellen
250 g Johannisbeergelee *2 Teel. Senf*	mit einem Schneebesen gut verrühren, die erkalteten Apfelsinenstreifen mit dem Rotwein hinzufügen, die Sauce mit
Salz *Zitronensaft* *Rotwein*	abschmecken
	für die **Försterspieße**
500 g Hirschrücken (ohne Knochen)	waschen, abtrocknen, enthäuten
100 g durchwachsenen Speck *1 Gewürzgurke*	
	die Zutaten in etwa 2 cm große Würfel schneiden, abwechselnd auf die Spieße stecken
4 Eßl. Speiseöl	in einer Bratpfanne erhitzen, die Fleischspieße von allen Seiten darin braten, mit Salz,
Pfeffer	bestreuen die Cumberlandsauce dazu reichen
Kochzeit für die Sauce:	Etwa 10 Minuten
Bratzeit für die Spieße:	Etwa 12 Minuten
Beigabe:	Kartoffelbrei oder Kartoffelkroketten, Salatplatte
Getränk:	Bier oder Rotwein

Hirsch-Gulaschsuppe

300 g Zwiebeln	abziehen, in Scheiben schneiden
4 Paprikaschoten	halbieren, entstielen, entkernen, waschen, die weißen Scheidewände entfernen, in Streifen schneiden
50 g Schweineschmalz	zerlassen, die Zwiebelscheiben darin goldgelb dünsten, die Paprikastreifen,
2 Eßl. Tomatenmark	dazugeben, gut durchdünsten lassen
300 g Hirschfleisch (aus der Keule geschnitten)	waschen, abtrocknen, enthäuten, das Fleisch von den Knochen lösen, in kleine Würfel schneiden, zu dem Gemüse geben, mit
5 Wacholderbeeren *Salz* *Pfeffer* *Paprika edelsüß*	würzen
1 1/2 l Fleischbrühe (evtl. aus den Wildknochen gekocht oder z. B. zubereitet mit ETO Klare Fleischsuppe)	hinzugießen, zum Kochen bringen, gar kochen lassen
6 Eßl. Rotwein	hinzufügen, mit Salz, Pfeffer, Paprika abschmecken
Kochzeit:	Etwa 1 Stunde

Wildsuppe

Farbfoto auf Seite 39

300 g Hirschkeule (ohne Sehnen und Fett)	waschen, abtrocknen, enthäuten, in kleine Würfel schneiden
50 g fetten Speck	in Würfel schneiden, auslassen, das Fleisch gut darin anbraten
1 Zwiebel	abziehen, würfeln, mit
1 Eßl. Tomatenmark	dazugeben, kurz durchdünsten, mit
Salz	
Pfeffer	
Paprika edelsüß	würzen
5 Wacholderbeeren	hinzufügen
1 1/4 l heißes Wasser	hinzugießen, zum Kochen bringen, gar kochen lassen, die ganze Brühe durch ein Sieb gießen, evtl. mit Wasser auf 1 l ergänzen
50 g Butter oder Margarine	zerlassen
60 g Weizenmehl	unter Rühren so lange darin erhitzen, bis es hell- bis dunkelbraun ist, die Fleischbrühe hinzugießen, mit einem Schneebesen durchschlagen, zum Kochen bringen, etwa 10 Minuten ziehen lassen
100 g Champignons (aus der Dose)	abtropfen lassen, halbieren, mit dem Fleisch zu der Suppe geben
1/8 l Rotwein	hinzufügen, die Suppe mit Salz, Pfeffer, Paprika
Rotwein	abschmecken
Kochzeit:	Etwa 2 Stunden

Wildschweinkotelett mit Äpfeln und Zwiebeln

4 Wildschweinkoteletts (je etwa 175 g)	leicht flach kopfen, mit
Salz	bestreuen
80 g Butter oder Margarine	zerlassen, die Koteletts von beiden Seiten darin anbraten
3 große Zwiebeln	abziehen
3 große Äpfel	schälen, vierteln, entkernen beide Zutaten in dünne Scheiben schneiden die Zwiebelscheiben neben dem Fleisch leicht bräunen lassen, mit den Apfelscheiben auf die Koteletts legen, in der zugedeckten Pfanne etwa 10 Minuten dünsten lassen, auf einer vorgewärmten Platte anrichten, nach Belieben mit
Petersilie	garnieren
Garzeit:	15–20 Minuten
Beigabe:	Bratkartoffeln oder Butternudeln
Getränk:	Bier oder Rotwein

Wildschweinkeule in Sahne

1 kg Wildschweinkeule (gut abgehangen)	waschen, abtrocknen, enthäuten, mit
Salz	einreiben
100 g Butter oder Margarine	zerlassen, das Fleisch von allen Seiten gut darin anbraten
2 Zwiebeln	abziehen, vierteln
2 Möhren 150 g Sellerieknolle	putzen, waschen, kleinschneiden, die Zutaten zu dem Fleisch geben, bräunen lassen etwas von
1/4 – 1/2 l heißem Wasser oder Fleischbrühe (z. B. zubereitet mit ETO Klare Fleischsuppe)	hinzugießen, das Fleisch schmoren lassen, ab und zu wenden, mit dem Bratensatz begießen, verdampfte Flüssigkeit nach und nach ersetzen 15 Minuten vor Beendigung der Schmorzeit
1 Eßl. Tomatenmark 1/8 – 1/4 l saure Sahne	über das Fleisch geben, mitschmoren lassen das gare Fleisch in Scheiben schneiden, auf einer vorgewärmten Platte anrichten, warm stellen den Bratensatz durch ein Sieb gießen, das Gemüse durch ein Sieb streichen, so viel davon zum Bratensatz geben, daß die Sauce gebunden ist, mit Salz,
geriebener Muskatnuß Zitronensaft Weißwein	abschmecken
500 g Pfifferlinge (aus der Dose)	abtropfen lassen
2 Zwiebeln	abziehen, würfeln
100 g Butter oder Margarine	zerlassen, die Zwiebelwürfel darin andünsten, die Pfifferlinge dazugeben, dünsten lassen, mit

Salz	
Pfeffer	abschmecken die Pfifferlinge mit dem Fleisch auf der Platte anrichten, etwas von der Sauce darüber verteilen, nach Belieben mit
Tomatenstücken	
Zitronenscheiben	
Petersilie	garnieren

Schmorzeit: 1 1/2 – 2 Stunden
Dünstzeit: Etwa 8 Minuten
Beigabe: Salzkartoffeln
Getränk: Rotwein

Wildschweinrücken

Etwa 1 1/2 kg Wildschweinrücken vom Frischling	waschen, abtrocknen, enthäuten, mit
Salz	
Pfeffer	einreiben, mit
Senf	
50 g weicher Butter oder Margarine	bestreichen
	die Hälfte von
etwa 75 g fetten Speckscheiben	in eine mit Wasser ausgespülte Rostbratpfanne legen, den Rücken darauf legen, mit den restlichen Speckscheiben belegen, die Rostbratpfanne in den Backofen schieben
6 Wacholderbeeren	zerdrücken
2 Zwiebeln	abziehen, vierteln
	sobald der Bratensatz bräunt, Wacholderbeeren, Zwiebelviertel dazugeben, miterhitzen
	etwas von
1/4–1/2 l heißem Wasser	hinzugießen, das Fleisch braten lassen, ab und zu wenden, mit dem Bratensatz begießen, verdampfte Flüssigkeit nach und nach ersetzen
	den garen Wildschweinrücken von den Knochen lösen, das Fleisch in Scheiben schneiden, auf einer vorgewärmten Platte anrichten, warm stellen
	den Bratensatz mit Wasser loskochen (nach Belieben durch ein Sieb gießen)
etwa 1 gestrichenen Eßl. Dr. Oetker Gustin	mit
2 Eßl. kaltem Wasser	anrühren, den Bratensatz damit binden
1/8 l saure Sahne	dazugeben, die Sauce mit Salz abschmecken

Gas:	Regler 3 1/2–4 1/2 (Rostbratpfanne muß in der Mitte des Backofens sein)

Strom:	Regler 200–210 (Rostbratpfanne auf die untere Schiene schieben)
Bratzeit:	1 1/2 – 1 3/4 Std
Beigabe:	Mandelkroketten, halbierte, ausgehöhlte, geschmorte mit Preiselbeerkompott gefüllte Äpfel, geschmorte Tomaten, Pfifferlinge und Rosenkohl
Getränk:	Rotwein

Hasenrücken mit Sahnesauce

1 Hasenrücken (etwa 600 g)	waschen, abtrocknen, enthäuten, mit
Salz Pfeffer	einreiben, mit
30 g weicher Butter oder Margarine	bestreichen einen Teil von
50 g fetten Speckscheiben	in eine mit Wasser ausgespülte Rostbratpfanne legen, den Hasenrücken darauf legen, mit den übrigen Speckscheiben belegen, die Rostbratpfanne in den Backofen schieben
2 Wacholderbeeren	zerdrücken
2 Zwiebeln	abziehen, vierteln sobald der Bratensatz bräunt, Wacholderbeeren, Zwiebelviertel dazugeben, kurz in dem Fett erhitzen etwas von
1/8–1/4 l heißem Wasser	hinzugießen, das Fleisch ab und zu mit dem Bratensatz begießen, verdampfte Flüssigkeit nach und nach ersetzen, das gare Fleisch von den Knochen lösen, in Scheiben schneiden (evtl. wieder auf das Knochengerüst legen), auf einer vorgewärmten Platte anrichten, warm stellen den Bratensatz mit
1/4 l saurer Sahne	loskochen, nach Bedarf mit Wasser auffüllen, durch ein Sieb gießen, zum Kochen bringen
1 Eßl. Dr. Oetker Gustin	mit
2 Eßl. kalter Milch	anrühren, den Bratensatz damit binden, die Sauce mit Salz
Zitronensaft Weißwein Zucker geriebener Muskatnuß	abschmecken

2 Äpfel	schälen, das Kerngehäuse mit einem Apfelausstecher entfernen, die Äpfel in gut 1 cm dicke Ringe schneiden, in
etwas Weißwein	kurz dünsten lassen, herausnehmen, mit Zukker bestreuen, die Apfelringe um den Hasenrücken legen, in die Mitte jedes Apfelringes
Preiselbeerkompott	geben

Gas: Regler 15 Minuten vorheizen 3–4, braten 3–4 (Rostbratpfanne muß in der Mitte des Backofens sein)

Strom: Regler 220–230 (Rostbratpfanne auf die untere Schiene schieben)

Bratzeit: Etwa 20 Minuten

Beigabe: Kartoffelklöße oder Kartoffelbrei

Getränk: Rotwein

Hasensalat „Försterin Art"

Etwa 600 g Hasenkeulen	waschen, abtrocknen, enthäuten, mit
Salz	
Pfeffer	einreiben
40 g Margarine	zerlassen, die Hasenkeulen von allen Seiten darin anbraten, von
1/4 l heißem Wasser	1/8 l hinzugießen, das Fleisch schmoren lassen, ab und zu wenden, mit dem Bratensatz begießen, verdampfte Flüssigkeit nach und nach ersetzen
	das gare Fleisch von den Knochen lösen, in Würfel schneiden
100 g Pfifferlinge (aus der Dose)	
100 g halbierte Champignons (aus der Dose)	
	beide Zutaten abtropfen lassen, das Pilzwasser auffangen
5 Tomaten	waschen, achteln
1 kleine Zwiebel	abziehen, würfeln
	eine Salatsauce bereiten aus:
4 Eßl. Salatöl	
2–3 Eßl. Essig	
3 Eßl. Pilzwasser	
1 Eßl. gehackter Petersilie	
(gemahlenem Koriander)	
zerriebenem Salbei	
Salz, Pfeffer	die Zutaten mit der Sauce vermengen, den Salat gut durchziehen lassen, evtl. noch mit Salz, Pfeffer abschmecken, auf
Salatblättern	anrichten, mit
Petersilie	garnieren

Schmorzeit: Etwa 1 Stunde
Beigabe: Toast
Getränk: Rotwein

Hasenrücken in Wacholder

1 Hasenrücken (600–700 g)	waschen, abtrocknen, 2–3 Tage in
Buttermilch	legen, zugedeckt an einem kühlen Ort stehenlassen, ab und zu wenden den Hasenrücken waschen, abtrocknen, enthäuten mit
Salz, Pfeffer 10 zerdrückten Wacholderbeeren	einreiben
40 g fetten Speck	in Würfel schneiden, auslassen, das Fleisch von allen Seiten darin anbraten
Suppengrün (Möhre, Porree, Sellerie)	putzen, waschen, kleinschneiden
1 Zwiebel	abziehen, vierteln, mit dem Suppengrün zu dem Fleisch geben, miterhitzen
1/8 l heißes Wasser	hinzugießen, das Fleisch etwa 25 Minuten schmoren lassen, ab und zu wenden, mit dem Bratensatz begießen, 10 Minuten vor Beendigung der Schmorzeit
2 Eßl. Wacholder (Schnaps)	über den Rücken gießen den garen Hasenrücken etwa 5 Minuten mit
Dr. Oetker alufolie	bedeckt stehenlassen, damit beim Schneiden nicht so viel Fleischsaft verlorengeht das Fleisch von den Knochen lösen, in Scheiben schneiden (evtl. wieder auf das Knochengerüst legen), auf einer vorgewärmten Platte anrichten, warm stellen den mit Wasser losgekochten Bratensatz durch ein Sieb gießen, zum Kochen bringen
1 gehäuften Teel. Dr. Oetker Gustin	mit
2 Eßl. saurer Sahne	anrühren, den Bratensatz damit binden, die Sauce mit Salz, Pfeffer, Wacholder abschmekken

Schmorzeit: Etwa 30 Minuten
Beigabe: Kartoffelbrei oder Kartoffelkroketten, Rosenkohl
Getränk: Rotwein

Flambierte Hasenmedaillons

300 g Pfifferlinge	
(aus der Dose)	abtropfen lassen, die Flüssigkeit auffangen, 1/8 l davon abmessen
1 Zwiebel	abziehen, würfeln
40 g Butter	
oder Margarine	zerlassen, die Zwiebelwürfel darin goldgelb dünsten lassen, die Pfifferlinge hinzufügen, mitdünsten, mit
Salz, Pfeffer	würzen, das Pilzwasser,
5 Eßl. saure Sahne	hinzugießen, etwa 10 Minuten dünsten lassen, nach Belieben
etwa 1 Teel.	
Dr. Oetker Gustin	mit
1 Eßl. kaltem Wasser	anrühren, die Pilze damit binden, mit
Zitronensaft	beträufeln, warm stellen
1 Hasenrücken	
(etwa 600 g)	waschen, abtrocknen, enthäuten, das Fleisch von den Knochen lösen, in etwa 2 cm dicke Scheiben schneiden, leicht flach klopfen, mit Salz bestreuen
50 g mageren Speck	in Würfel schneiden
1–2 Eßl. Olivenöl	erhitzen, die Speckwürfel darin auslassen, bis sie goldgelb sind die Fleischscheiben von beiden Seiten darin braten, die Medaillons auf einer vorgewärmten Platte (nach Belieben auf einen Spieß stecken) anrichten, den Bratensatz mit
3 Eßl. Wasser	loskochen, zu den Pfifferlingen geben, die Pilze mit
gehackter Petersilie	bestreuen, um die Medaillons legen
4 Eßl. Weinbrand	anwärmen, am Eßtisch über das Fleisch gießen, anzünden
Zubereitungszeit für die Pilze:	Etwa 10 Minuten
Bratzeit für die Steaks:	Etwa 4 Minuten
Beigabe:	Toast und Preiselbeerkompott
Getränk:	Rotwein

Hasenkeulen in Rotwein

2 Hasenkeulen	
(etwa 750 g)	waschen, abtrocknen, 2–3 Tage in
Buttermilch	legen, zugedeckt an einem kühlen Ort stehenlassen, ab und zu wenden die Hasenkeulen waschen, abtrocknen, enthäuten, von Sehnen befreien, mit
Salz	
Pfeffer	einreiben
50 g fetten Speck	in Würfel schneiden, auslassen, das Fleisch von allen Seiten gut darin anbraten
3 Zwiebeln	abziehen, vierteln
2 Äpfel	schälen, vierteln, entkernen, in Scheiben schneiden, mit den Zwiebelvierteln zu dem Fleisch geben, andünsten lassen
1/8 l Rotwein	hinzugießen, das Fleisch schmoren lassen, ab und zu wenden, mit dem Bratensatz begießen das gare Fleisch von den Knochen lösen, in Portionsstücke schneiden, auf einer vorgewärmten Platte anrichten, warm stellen den mit Wasser losgekochten Bratensatz durch ein Sieb gießen, Äpfel und Zwiebel durch ein Sieb streichen, zu dem Bratensatz geben, zum Kochen bringen
1 gehäuften Teel.	
Dr. Oetker Gustin	mit
1 Eßl. kaltem Wasser	anrühren, den Bratensatz damit binden, die Sauce mit Salz, Pfeffer,
Zucker	
Rotwein	abschmecken
Schmorzeit:	55–60 Minuten
Beigabe:	Kartoffelklöße
Getränk:	Rotwein

Kaninchen, gebraten

1 Kaninchen (Rücken, Keulen, Läufe, etwa 2 1/4 kg)	waschen, abtrocknen, enthäuten, vom Fett befreien, Keulen und Läufe vom Rücken trennen, mit
Salz	einreiben, mit
50 g weicher Butter oder Margarine	bestreichen
100 g fette Speckscheiben	in einer Rostbratpfanne auslassen, in den Backofen schieben, das Kaninchen von allen Seiten darin anbraten, den Rücken herausnehmen, nach und nach
1/4 l heißes Wasser	hinzugießen, Keulen und Läufe braten lassen, nach etwa 15 Minuten den Rücken wieder dazulegen, etwa 10 Minuten vor Beendigung der Bratzeit das Kaninchen mit
1/8 l saurer Sahne oder 5 Eßl. Dosenmilch	begießen
	den garen Kaninchenrücken in Portionsstücke schneiden (nach Belieben von den Knochen lösen, in Scheiben schneiden), mit den Keulen und Läufen auf einer vorgewärmten Platte anrichten, warm stellen
	den Bratensatz mit Wasser loskochen
1 gestrichenen Eßl. Dr. Oetker Gustin	mit
2 Eßl. kaltem Wasser	anrühren, den Bratensatz damit binden, die Sauce mit Salz abschmecken

Gas: Regler 2 3/4 – 3 3/4 (Rostbratpfanne muß in der Mitte des Backofens sein)
Strom: Regler 220–230 (Rostbratpfanne auf die untere Schiene schieben)
Bratzeit: 50–70 Minuten, je nach Alter des Tieres
Beigabe: Kartoffelklöße, Rapunzelsalat, Preiselbeerkompott
Getränk: Rotwein

Fasan in Weißen Bohnen

300 g Weiße Bohnen	waschen, 12–24 Stunden in kaltem Wasser einweichen
1 küchenfertigen Fasan (1/2–1 kg)	waschen
Suppengrün (1 Möhre, 1/4 Stück Sellerie, 1/4 Stück Kohlrabi, 2 Stangen Porree)	putzen, waschen, mit dem Fasan und
4 zerdrückten Wacholderbeeren	in
2 l kochendes Salzwasser	geben, zum Kochen bringen, gar kochen lassen, die Bohnen abtropfen lassen
	den garen Fasan und das Suppengrün aus der Brühe nehmen, die Bohnen hineingeben, zum Kochen bringen, gar kochen lassen
	das Fleisch von den Knochen lösen, in kleine Würfel schneiden
50 g fetten Speck	in Würfel schneiden, auslassen
2 große Zwiebeln	abziehen, würfeln, mit dem Fleisch in dem Speck anbraten, zu den Bohnen geben
	das Suppengrün kleinschneiden,
1 Eßl. Tomatenmark	
4 Eßl. Sahne	hinzufügen, das Gericht pikant mit Salz,
Portwein	abschmecken
Kochzeit *für den Fasan:*	Etwa 1 1/2 Stunden
für die Bohnen:	Etwa 2 Stunden
Beigabe:	Butterreis
Getränk:	Rotwein

Fasan

1 küchenfertigen Fasan	
(1/2–1 kg)	waschen, abtrocknen, innen und außen mit
Salz	einreiben, mit
40 g fetten	
Speckscheiben	umwickeln
50 g fetten Speck	in Würfel schneiden, auslassen
50 g Butter oder	
Margarine	hinzufügen, den Fasan von allen Seiten darin anbraten
1 Zwiebel	abziehen, vierteln,
4 Pfefferkörner	dazugeben
	von
1/2 l heißem Wasser	1/4 l hinzugießen, den Fasan schmoren lassen, ab und zu wenden, mit dem Bratensatz begießen, verdampfte Flüssigkeit nach und nach ersetzen
	10 Minuten vor Beendigung der Schmorzeit
3 Eßl. saure Sahne	hinzufügen
	den garen Fasan von den Fäden befreien, in Portionsstücke schneiden, auf einer vorgewärmten Platte anrichten, warm stellen
	den Bratensatz durch ein Sieb gießen, zum Kochen bringen
2 Teel.	
Dr. Oetker Gustin	mit
1 Eßl. kaltem Wasser	anrühren, den Bratensatz damit binden, die Sauce mit Salz abschmecken

Schmorzeit: Etwa 1 Stunde
Beigabe: Kartoffelbrei
Getränk: Rotwein

Fasan auf Weinsauerkraut

1 küchenfertigen Fasan (1/2–1 kg)	waschen, abtrocknen, innen und außen mit
Salz	einreiben, mit
40 g Speckscheiben	umwickeln
40 g Speck	in Würfel schneiden, auslassen
30 g Butter oder Margarine	hinzufügen, den Fasan von allen Seiten darin anbraten, herausnehmen
1 Zwiebel	abziehen, würfeln, in dem Bratfett goldgelb dünsten lassen
500 g Sauerkraut	dazugeben, kurz erhitzen
1/4 l Weißwein	hinzugießen, mit Salz würzen
	den Fasan auf das Sauerkraut legen, schmoren lassen
	den garen Fasan in Portionsstücke schneiden, warm stellen
125 g blaue Weintrauben	waschen, halbieren, entkernen, zu dem Sauerkraut geben, mit Salz
Zucker	abschmecken
	den Fasan auf dem Sauerkraut anrichten, mit
Tomatenachteln Petersilie	garnieren

Schmorzeit:	60–70 Minuten
Beigabe:	Kartoffelbrei oder Kartoffelkroketten
Getränk:	Weißwein

Doppelte Fasanenbrühe

Suppengrün (Möhre, Porree Petersilienwurzel, Sellerie)	putzen, waschen, kleinschneiden
2 Zwiebeln	abziehen, würfeln, mit dem Suppengrün,
500 g Rinderknochen	
Basilikum	
Rosmarin	
6 Wacholderbeeren	
1 Lorbeerblatt	
3 Nelken	
1/2 Knoblauchzehe	in
2 1/2–3 l Salzwasser	geben, zum Kochen bringen
1 küchenfertigen Fasan (1/2–1 kg)	waschen, hineingeben, zum Kochen bringen, gar kochen lassen das Fleisch von den Knochen lösen, in kleine Würfel schneiden die Brühe durch ein Sieb gießen, mit Salz abschmecken, kalt stellen, entfetten
2 große Zwiebeln	abziehen, in Scheiben schneiden
1 Eierschale	zerdrücken, mit
1 Eiweiß	
3 Eßl. kaltem Wasser	verschlagen, zu der Brühe geben, unter ständigem Schlagen zum Kochen bringen, dabei gerinnt das Eiweiß und bindet die in der Brühe enthaltenen trüben Bestandteile, die Brühe noch etwa 10 Minuten kochen lassen, durch ein feines Sieb gießen, die Fleischwürfel hinzufügen, die Brühe mit
Madeira	abschmecken

Kochzeit:	Etwa 1 1/2 Stunden.
Beigabe:	Käsestangen (nach Belieben warm)
Veränderung:	Champignons (aus der Dose) in Scheiben schneiden, mit in die Brühe geben

Rebhühner in Rotweinsauce

4 küchenfertige Rebhühner (je etwa 200 g)	waschen, abtrocknen, innen und außen mit
Salz	
Pfeffer	einreiben, mit
60 g Speckscheiben	umwickeln
40 g Butter oder Margarine	zerlassen, die Rebhühner von allen Seiten gut darin anbraten.
1 Zwiebel	abziehen, vierteln, dazugeben, kurz miterhitzen
5 Wacholderbeeren etwas Salbei, 1/8 l Rotwein	hinzufügen, das Fleisch schmoren lassen, ab und zu mit dem Bratensatz begießen, nach Bedarf verdampfte Flüssigkeit nach und nach mit Wasser ersetzen die garen Rebhühner von den Fäden befreien, halbieren, auf einer vorgewärmten Platte anrichten, warm stellen den mit Wasser losgekochten Bratensatz durch ein Sieb gießen, zum Kochen bringen
1 gehäuften Teel. Dr. Oetker Gustin	mit
4 Eßl. saurer Sahne	anrühren, den Bratensatz damit binden, die Sauce mit Salz, Pfeffer,
Zucker, Rotwein	abschmecken
Schmorzeit:	Etwa 1 Stunde
Beigabe:	Kartoffelkroketten, Rosenkohl
Getränk:	Rotwein

Rebhuhn in Sahnelinsen

300 g Linsen	waschen, 12–24 Stunden in kaltem Wasser einweichen, abtropfen lassen
500 g Gemüse (2 Möhren, 2 Stangen Porree, 2 Zwiebeln, 1/4 Sellerieknolle)	putzen, waschen, in feine Scheiben schneiden
50 g Butter oder Margarine	in einem Topf zerlassen, das Gemüse darin andünsten, die Linsen hinzufügen
2 l Fleischbrühe (z. B. zubereitet mit ETO Klare Fleischsuppe)	hinzugießen, zum Kochen bringen
4 küchenfertige Rebhühner (je etwa 250 g)	waschen, abtrocknen, innen und außen mit
Salz	einreiben
1 Zwiebel	abziehen, mit
2 Nelken	spicken, mit den Rebhühnern in die Brühe geben, zum Kochen bringen, zum Garen den zugedeckten Topf in den Backofen stellen
	das gare Rebhuhnfleisch von den Knochen lösen, in Stücke oder Würfel schneiden
100 g mageren Speck	in Würfel schneiden, auslassen, mit dem geschnittenen Fleisch,
1/4 l saurer Sahne	zu den Linsen geben
	das Gericht nochmals kurz erhitzen, mit Salz,
Portwein	abschmecken
Gas:	Regler 5 Minuten vorheizen 3 1/2 – 4 1/2, garen 3 1/2 – 4 1/2
Strom:	Regler 200–225
Garzeit:	Etwa 1 Stunde

Rebhuhnbrüstchen auf Toast

4 küchenfertige Rebhühner (je etwa 250 g)	waschen, abtrocknen, innen und außen mit
Salz	einreiben, mit
75 g fetten Speckscheiben	umwickeln
50 g Butter oder Margarine	zerlassen, die Rebhühner von allen Seiten gut darin anbraten
etwa 1/8 l heißes Wasser	hinzugießen, die Rebhühner schmoren lassen, ab und zu wenden, mit dem Bratensatz begießen, verdampfte Flüssigkeit nach und nach ersetzen die garen Rebhühner von den Fäden befreien, die Brüstchen abtrennen, das übrige Fleisch von den Knochen lösen, durch die feine Scheibe des Fleischwolfes drehen
125 g Pfifferlinge (aus der Dose)	abtropfen lassen, kleinschneiden, mit dem durchgedrehten Fleisch,
1/8 l saurer Sahne	verrühren, die Masse mit Salz,
geriebener Muskatnuß	
Madeira	abschmecken
8 Scheiben Weißbrot	toasten, zuerst mit
Butter	danach bergförmig mit der Fleischmasse bestreichen, je ein Brüstchen darauf legen, mit je einer von
8 Scheiben magerem Speck	belegen, die Schnitten auf ein Backblech legen, im Backofen überbacken den mit Wasser losgekochten Bratensatz durch ein Sieb gießen, zum Kochen bringen
1 gestrichenen Teel. Dr. Oetker Gustin	mit
1 Eßl. kaltem Wasser	anrühren, den Bratensatz damit binden, die Sauce mit Salz,

Weißwein	
Zitronensaft	abschmecken
2 Eßl. saure Sahne	unterrühren

Schmorzeit:	Etwa 1 Stunde
Einstellung für den Backofen	
Gas:	Regler 5 Minuten vorheizen 5–6, backen 5–6
Strom:	Regler 230–250
Backzeit:	Etwa 8 Minuten
Getränk:	Rotwein oder roter Sekt

Täubchen auf Wildart

4 küchenfertige Täubchen (je etwa 200 g)	waschen, abtrocknen, innen und außen mit
Salz	einreiben, mit
50 g fetten Speckstreifen	belegen Flügel und Schenkel am Rumpf festbinden
40 g Butter oder Margarine	zerlassen, die Täubchen von allen Seiten darin anbraten
1 Zwiebel	abziehen, vierteln, mit
2 Nelken	spicken
1 Stück Sellerie	putzen, waschen, kleinschneiden, mit der Zwiebel,
4 Pfefferkörnern	zu den Täubchen geben, miterhitzen
1/4 l heißes Wasser	hinzugießen, die Täubchen schmoren lassen, ab und zu wenden, mit dem Bratensatz begießen etwa 10 Minuten vor Beendigung der Schmorzeit
3 Eßl. saure Sahne	über die Täubchen gießen, mitschmoren lassen die garen Täubchen von den Fäden befreien, halbieren, auf einer vorgewärmten Platte anrichten, warm stellen den Bratensatz durch ein Sieb gießen, zum Kochen bringen
2 schwach gehäufte Teel. Dr. Oetker Gustin	mit
1 Eßl. kaltem Wasser	anrühren, den Bratensatz damit binden, die Sauce mit Salz abschmecken

Schmorzeit: 45-60 Minuten
Beigabe: Kartoffelbrei
Getränk: Rotwein

Geflügel

Geflügelkalender

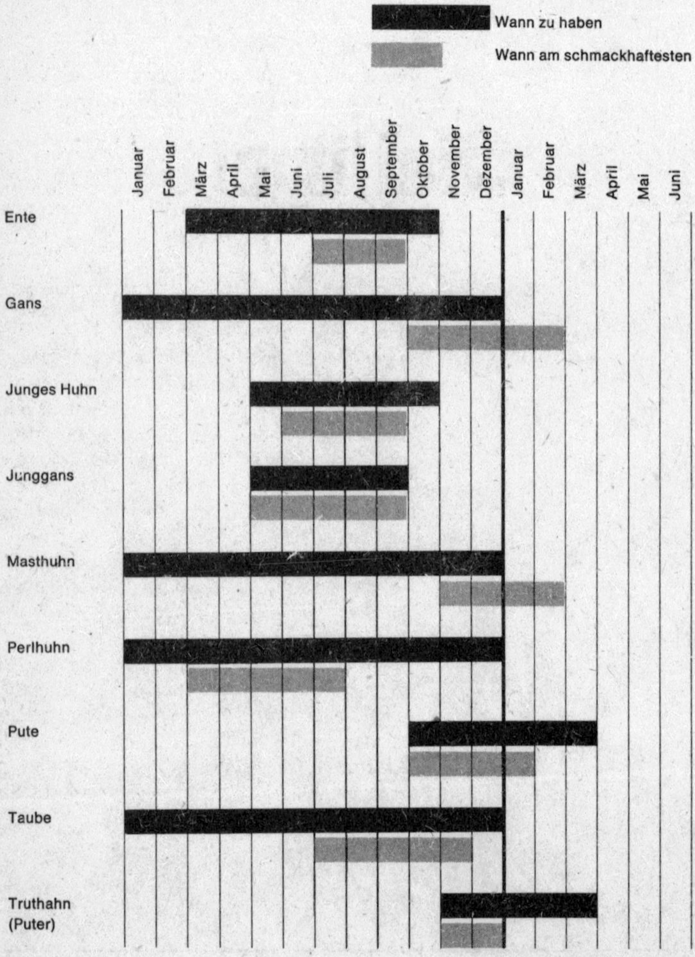

Gänsebraten mit Weinäpfelsauce

1 küchenfertige Gans (etwa 4 kg)	waschen, abtrocknen
4–5 Äpfel	waschen, das Kerngehäuse mit einem Apfelausstecher so entfernen, daß ein kleiner Boden stehenbleibt
etwas Weißwein	in die Apfelöffnungen gießen, sie mit
Weißbrotecken	verschließen
	die Gans innen und außen mit
Salz	einreiben
2 große Zwiebeln	abziehen, vierteln
	die Gans mit den Äpfeln, den Zwiebelvierteln,
1 Stengel Beifuß	füllen, zunähen Keulen und Flügel mit einem Bindfaden am Rumpf festbinden
	in eine Rostbratpfanne heißes Wasser gießen, so daß die Pfanne etwa 1 cm hoch damit gefüllt ist, etwas Salz hinzufügen, die Gans mit dem Rücken nach unten hineinlegen, auf die untere Schiene in den Backofen schieben, während des Bratens ab und zu unterhalb der Flügel und Keulen in die Gans stechen, damit das Fett besser ausbraten kann (evtl. Fett abschöpfen)
	sobald der Bratensatz bräunt, von
1/2 l heißem Wasser	1/4 l hinzugießen, die Gans ab und zu wenden, mit dem Bratensatz begießen, verdampfte Flüssigkeit nach und nach ersetzen
	die gare Gans von den Fäden befreien, die Füllung herausnehmen, die Gans in Portionsstükke schneiden, auf einer vorgewärmten Platte anrichten, warm stellen
	den Bratensatz mit Wasser loskochen, mit der durch ein Sieb gestrichenen Füllung auf der Kochstelle zu einer Sauce verrühren, mit Salz,
Zucker	
Zitronensaft	abschmecken
	nach Belieben den Braten mit
angewärmtem Weinbrand	übergießen, am Eßtisch anzünden

Gas:	Regler 3–4
Strom:	Regler 200–225
Bratzeit:	Etwa 2 Stunden
Beigabe:	Salzkartoffeln
Getränk:	Weißwein

Gänseschenkel in Paprika

Farbfoto auf Seite 40

2 Gänseschenkel (etwa 1 kg)	waschen, abtrocknen, mit
Salz	
Paprika edelsüß	einreiben
20 g Schweineschmalz	zerlassen, das Fleisch von allen Seiten gut darin anbraten, die Hälfte des Fettes abgießen
3 Zwiebeln	abziehen, vierteln, dazugeben, miterhitzen von
1/4 l heißem Wasser	1/8 l hinzugießen, das Fleisch schmoren lassen, ab und zu wenden, mit dem Bratensatz begießen, verdampfte Flüssigkeit nach und nach ersetzen
500 g Paprikaschoten	halbieren, entstielen, entkernen, waschen, von den weißen Scheidewänden befreien, in Streifen schneiden
500 g Tomaten	kurze Zeit in kochendes Wasser legen, in kaltem Wasser abschrecken, enthäuten, in Streifen schneiden
	etwa nach 1 Stunde Schmorzeit das Gemüse hinzufügen, mit Salz
Pfeffer	würzen, etwa 45 Minuten mitschmoren lassen
	das gare Fleisch von den Knochen lösen, in Scheiben schneiden, warm stellen
1–2 Eßl. Dr. Oetker Gustin	mit
2–3 Eßl. kaltem Wasser	anrühren, das Gemüse damit binden, mit Salz, Pfeffer, Paprika abschmecken, in eine Schüssel geben, das Fleisch darauf legen, mit
1 Eßl. gehackter Petersilie	bestreuen

Schmorzeit: Etwa 1 3/4 Stunden
Beigabe: Kartoffelklöße oder Salzkartoffeln
Getränk: Bier

Gans — Gänseschenkel in Schmorkraut

2 Gänseschenkel	waschen, abtrocknen, mit
Salz	einreiben
2 kg Weißkohl	von den schlechten äußeren Blättern befreien, den Kohl vierteln, den Strunk herausschneiden, waschen, abtropfen lassen, in feine Streifen schneiden
2 große Zwiebeln	abziehen, würfeln
30 g Schweineschmalz	zerlassen, die Gänseschenkel von allen Seiten gut darin anbraten, die Zwiebelwürfel hinzufügen, mitbräunen lassen
1/4 l heißes Wasser	hinzugießen, den Kohl dazugeben, mit Salz würzen, gar schmoren lassen
	das Fleisch von den Knochen lösen, in eine vorgewärmte Schüssel legen
	den Kohl mit Salz,
Zucker, Essig	abschmecken, zu dem Fleisch geben

Schmorzeit:	Etwa 2 Stunden
Beigabe:	Salzkartoffeln
Getränk:	Bier

Ente, gefüllt

1 küchenfertige Ente (1 1/2–2 kg)	waschen, abtrocknen, innen und außen mit
Salz	einreiben
	für die Füllung
2 Äpfel	schälen, vierteln, entkernen, raspeln
2 große Zwiebeln	abziehen, würfeln, mit den Äpfeln verrühren, mit Salz,
Zucker	abschmecken
	die Ente füllen, zunähen, Keulen und Flügel mit einem Bindfaden am Rumpf festbinden, die Ente mit dem Rücken nach unten in eine mit Wasser ausgespülte Rostbratpfanne legen, auf die untere Schiene in den Backofen schieben, während des Bratens ab und zu unterhalb der Flügel und Keulen in die Ente stechen, damit das Fett besser ausbraten kann (evtl. Fett abschöpfen)
Suppengrün (Möhre, Porree, Petersilienwurzel, Sellerie)	putzen, waschen, kleinschneiden
	sobald der Bratensatz bräunt, Suppengrün,
2 Nelken, 1 Lorbeerblatt	hinzufügen
von 1/2 l heißer Fleischbrühe (z.B. zubereitet mit ETO Klare Fleischsuppe)	1/8 l hinzugießen, die Ente ab und zu mit dem Bratensatz begießen, verdampfte Flüssigkeit nach und nach ersetzen, etwa 10 Minuten vor Beendigung der Bratzeit die Ente mit
Salzwasser	bestreichen, die Hitze auf stark stellen, damit die Haut kroß wird
	die gare Ente von den Fäden befreien, die Füllung herausnehmen, die Ente in Portionsstücke schneiden, mit der Füllung auf einer vorgewärmten Platte anrichten, warm stellen
	den Bratensatz mit Wasser loskochen

1–2 gestrichene Eßl.	
Dr. Oetker Gustin	mit
2 Eßl. kaltem Wasser	anrühren, den Bratensatz damit binden
2 Eßl. Apfelmus	unter die Sauce rühren, mit Salz abschmecken

Gas:	Regler 3–4
Strom:	Regler 200–225
Bratzeit:	Etwa 2 1/2 Stunden
Beigabe:	Salzkartoffeln
Getränk:	Rotwein

Ente auf Wildart

1 küchenfertige Ente (1 1/2–2 kg)	waschen, abtrocknen, innen und außen mit
Salz	einreiben
	für die Füllung
1 Zwiebel	abziehen, würfeln
30 g Butter oder Margarine	zerlassen, die Zwiebelwürfel darin goldgelb dünsten lassen
3 Pfefferkörner *3 Gewürzkörner* *2 Nelken* *1 Lorbeerblatt* *1 Messerspitze Thymian* *etwas abgeriebene gelbe Zitronenschale (ungespritzt)*	hinzufügen, verrühren, die Ente füllen, zunähen, Keulen und Flügel mit einem Bindfaden am Rumpf festbinden
	eine Rostbratpfanne mit Wasser ausspülen, die Ente mit dem Rücken nach unten hineinlegen, auf die untere Schiene in den Backofen schieben
	während des Bratens ab und zu unterhalb der Flügel und Keulen in die Ente stechen, damit das Fett besser ausbraten kann (evtl. Fett abschöpfen)
	sobald der Bratensatz bräunt, von
1/2 l heißem Wasser	1/4 l hinzugießen, die Ente ab und zu mit dem Bratensatz begießen, verdampfte Flüssigkeit nach und nach ersetzen, etwa 10 Minuten vor Beendigung der Bratzeit die Ente mit
Salzwasser	bestreichen, die Hitze auf stark stellen, damit die Haut kroß wird
	die gare Ente von den Fäden befreien, die Füllung herausnehmen, die Ente in Portionsstükke schneiden, mit der Füllung auf einer vorgewärmten Platte anrichten, warm stellen

1–2 gestrichene Eßl.	
Dr. Oetker Gustin	mit
2 Eßl. kaltem Wasser	anrühren, den mit Wasser losgekochten Bratensatz damit binden, die Sauce mit Salz,
2–3 Eßl. Rotwein	abschmecken

Gas:	Regler–3–4
Strom:	Regler 200–225
Bratzeit:	Etwa 2 1/2 Stunden
Beigabe:	Kartoffelbrei
Getränk:	Rotwein oder Rosé

Ente mit Mandarinen oder Apfelsinen

1 küchenfertige Ente	
(1 1/2–2 kg)	waschen, abtrocknen, innen und außen mit
Salz	einreiben,
	innen mit
Majoran	bestreuen
	für die Füllung
500 g Äpfel	schälen, vierteln, entkernen, in feine Scheiben schneiden
50 g Rosinen	waschen
50 g Zucker	
	die Zutaten vermengen, die Ente füllen, zunähen, Keulen und Flügel mit einem Bindfaden am Rumpf festbinden, die Ente mit dem Rücken nach unten auf den Rost einer mit Wasser ausgespülten Rostbratpfanne legen, auf die untere Schiene in den Backofen schieben
	während des Bratens ab und zu unterhalb der Flügel und Keulen in die Ente stechen, damit das Fett besser ausbraten kann (evtl. Fett abschöpfen)
	sobald der Bratensatz bräunt, von
1/2 l heißem Wasser	1/4 l hinzugießen, die Ente ab und zu mit dem Bratensatz begießen, verdampfte Flüssigkeit nach und nach ersetzen, kurz bevor die Ente gar ist, von
50 g Butter	etwas in einer Pfanne zerlassen
50 g abgezogene Mandeln	darin goldgelb rösten, aus der Pfanne nehmen
250 g garen Brühreis (z.B. Patna)	hineingeben, die restliche Butter hinzufügen, den Reis unter häufigem Wenden darin heiß werden lassen
	die gare Ente von den Fäden befreien, die Füllung herausnehmen, die Ente in Portionsstükke schneiden, in die Mitte einer vorgewärmten Platte die Füllung geben, die Fleischstücke dar-

	auf legen, den Reis rundherum schichten, einen Kranz von
Mandarinen- oder Apfelsinenspalten	darum legen, alles mit den Mandeln bestreuen, warm stellen
etwas gelbe Apfelsinenschale (ungespritzt)	in feine Streifen schneiden, mit
1 schwach gehäuften Eßl. Zucker	
2 Eßl. Wasser	zum Kochen bringen, die Apfelsinenstreifen weich kochen lassen, den mit Wasser losgekochten Bratensatz hinzugießen, zum Kochen bringen
10 g Dr. Oetker Gustin	mit
1 Eßl. kaltem Wasser	anrühren, den Bratensatz damit binden, die Sauce mit Salz,
Apfelsinensaft	abschmecken
Gas:	Regler 3–4
Strom:	Regler 200–225
Bratzeit:	Etwa 2 1/2 Stunden

Entenwürfel mit Ananas

1 küchenfertige Ente (etwa 2 kg)	waschen, abtrocknen, das Fleisch von den Knochen lösen, in etwa 4 cm große Würfel schneiden
2 Eßl. Wasser	erhitzen, die Fleischwürfel hineingeben, von allen Seiten gut darin anbraten (evtl. Fett abschöpfen)
250 g Zwiebeln	abziehen, in Scheiben schneiden, hinzufügen, bräunen lassen
6 Scheiben Ananas (aus der Dose)	abtropfen lassen, in Stücke schneiden, zu dem Fleisch geben, kurz mitschmoren lassen, mit
Salz	
Zucker	
Zitronensaft	würzen
	etwas von
1/2 l heißem Wasser	hinzugießen, das Fleisch schmoren lassen, verdampfte Flüssigkeit nach und nach ersetzen (die Sauce darf nicht „zu lang“ sein, muß evtl. eingekocht werden)
1–2 Teel. Dr. Oetker Gustin	mit
1 Eßl. kaltem Wasser	anrühren, das Gericht damit binden, mit Salz, Zucker,
Madeira	abschmecken
Schmorzeit:	Etwa 1 Stunde
Beigabe:	Salzkartoffeln
Getränk:	Rotwein

Putenschnitzel

4 Putenschnitzel (je 125–150 g)	waschen, abtrocknen, von beiden Seiten mit
Salz	bestreuen
	die Schnitzel zuerst in
50 g Weizenmehl	dann in
1 verschlagenen Ei	zuletzt in
50 g Semmelmehl	wenden (gut festklopfen)
75 g Margarine	zerlassen, die Schnitzel von beiden Seiten darin goldgelb braten, auf einer vorgewärmten Platte anrichten

Bratzeit: Etwa 12 Minuten
Beigabe: Sahne-Kartoffelbrei
Getränk: Weißwein

Getrüffelte Pute

1 küchenfertige Pute (etwa 1 1/2 kg)	waschen, abtrocknen, innen und außen mit
Salz	
Pfeffer	einreiben
	für die Füllung
60 g Champignons (aus der Dose)	abtropfen lassen, halbieren
Leber der Pute	kurze Zeit in kochendes Wasser legen, abtrocknen, in kleine Würfel schneiden
2 Trüffel (aus der Dose)	kleinschneiden
250 g Bratwurstmasse	
1–2 Eßl. gehackte Pistazien	
2 Eßl. Speiseöl	
	die Zutaten vermengen, mit Salz, Pfeffer,
Paprika edelsüß	abschmecken
	die Pute füllen, zunähen
40 g Butter oder Margarine	in einem Brattopf zerlassen, die Pute von allen Seiten darin anbraten
Suppengrün (Möhre, Porree, Sellerie)	putzen, waschen, kleinschneiden
Hals, Magen, Herz der Pute	waschen, abtrocknen, mit dem Suppengrün zu der Pute geben, kurz anbraten
1/8 l heißes Wasser	hinzugießen
	den Brattopf mit einem Deckel verschließen, auf dem Rost in den Backofen schieben
	die Pute ab und zu mit dem Bratensatz begießen, verdampfte Flüssigkeit nach und nach ersetzen
	die gare Pute von den Fäden befreien, die Füllung herausnehmen, die Pute in Portionsstükke, die Füllung in Scheiben schneiden, auf einer vorgewärmten Platte anrichten, warm stellen
	den mit Wasser losgekochten Bratensatz

	durch ein Sieb gießen, das Gemüse durch ein Sieb streichen, so viel davon zu der Sauce geben, bis sie gebunden ist, mit Salz, Pfeffer abschmecken das Putenfleisch mit
Tomatenecken	
Petersilie	garnieren, mit der Sauce servieren

Gas:	Regler 5–6
Strom:	Regler 225–250
Bratzeit:	Etwa 1 3/4 Stunden
Beigabe:	Salzkartoffeln
Getränk:	Rotwein

Putenfleisch, pikant sauer

2 Putenkeulen (je etwa 600 g)	waschen, abtrocknen, das Fleisch von den Knochen lösen, in eine Schüssel legen
1 Zwiebel	abziehen, in Scheiben schneiden
1 Lorbeerblatt	
2 Nelken	
4 Gewürzkörner	
25 g Zucker	mit den Zwiebelscheiben über das Fleisch verteilen
3/8 l Essig	darüber gießen, so daß das Fleisch bedeckt ist, zugedeckt 3 Tage an einem kühlen Ort stehenlassen, das gesäuerte Fleisch abtrocknen die Marinade durch ein Sieb gießen, mit
Wasser oder Fleischbrühe (z.B. zubereitet mit ETO Klare Fleischsuppe)	auf 1/2 l auffüllen, erhitzen
100 g fetten Speck	in Würfel schneiden, auslassen, das Fleisch von allen Seiten darin anbraten Zwiebelscheiben, Lorbeerblatt, Nelken, Gewürzkörner,
Salz	dazugeben, miterhitzen 1/4 l von der heißen Marinade dazugeben, das Fleisch schmoren lassen, ab und zu wenden, mit dem Bratensatz begießen, verdampfte Flüssigkeit nach und nach ersetzen, das gare Fleisch in Würfel schneiden, warm stellen, den Bratensatz durch ein Sieb gießen, zum Kochen bringen
von 60 g Semmelmehl	so viel hinzufügen, daß die Sauce leicht gebunden ist
2 Eßl. Johannisbeergelee	unterrühren, die Sauce mit Salz,
1 Eßl. Rotwein	abschmecken, über das Fleisch verteilen

Schmorzeit:	Etwa 40 Minuten
Beigabe:	Butternudeln
Getränk:	Rotwein

Pute mit Backobstfüllung

Farbfoto auf Seite 105

250 g Backobst	über Nacht in
1/2 l Wasser	einweichen, abtropfen lassen (Pflaumen entsteinen) das Backobst mit
3 Eßl. Weinbrand	
30 g Zucker	vermengen
1 küchenfertige Pute	
(etwa 1 1/2 kg)	waschen, abtrocknen, innen und außen mit
Salz	einreiben, mit dem Backobst füllen, zunähen,
Pfeffer	außen daraufstreuen
50 g Margarine	in einem Brattopf zerlassen, die Pute von allen Seiten darin anbraten
Hals, Herz, Magen	der Pute waschen, dazugeben
1/4–1/2 l	
heißes Wasser	hinzugießen, den Brattopf mit einem Deckel verschließen, auf dem Rost in den Backofen schieben die Pute ab und zu wenden, mit dem Bratensatz begießen, verdampfte Flüssigkeit nach und nach ersetzen die gare Pute in Portionsstücke schneiden, mit der Füllung auf einer vorgewärmten Platte anrichten, warm stellen den Bratensatz mit Wasser loskochen
1 schwach gehäuften Eßl.	
Dr. Oetker Gustin	mit
1 Eßl. kaltem Wasser	anrühren, den Bratensatz damit binden, die Sauce mit Salz,
1–2 Eßl. Portwein	abschmecken

Gas:	Regler 5–6
Strom:	Regler 225–250
Bratzeit:	Etwa 1 3/4 Stunden
Beigabe:	Salzkartoffeln oder Kartoffelklöße, Grüner Salat
Getränk:	Rotwein

Balkanesischer Puterreis

250 g Puterfleisch (durchgedreht gewogen)	
3 Zwiebeln	abziehen, würfeln
250 g rote und grüne Paprikaschoten	halbieren, entstielen, entkernen, waschen, die weißen Scheidewände entfernen, in Streifen schneiden
3 Eßl. Olivenöl	erhitzen, Zwiebelwürfel, Paprikastreifen hineingeben, etwa 10 Minuten dünsten lassen, das Fleisch,
3 Eßl. Tomatenmark	dazugeben, kurz anbraten, mit
Paprika edelsüß	
Salz	würzen
1–1 1/4 l Fleischbrühe (z.B. zubereitet mit ETO Klare Fleischsuppe)	zum Kochen bringen
250 g Brühreis (z.B. Patna)	waschen, in die Brühe geben, zum Kochen bringen, in etwa 20 Minuten ausquellen lassen, den garen Reis mit der Fleischmasse verrühren, noch etwa 5 Minuten kochen lassen, mit Paprika, Salz kräftig abschmecken

Garzeit: Etwa 30 Minuten
Beigabe: Kopf-, Bohnen- oder Gurkensalat
Getränk: Rotwein

Ragout fin von Putenfleisch

1 Putenschenkel (etwa 750 g)	waschen, abtrocknen, in
2 l Salzwasser	geben, zum Kochen bringen, gar kochen lassen
	das Fleisch von den Knochen lösen, in kleine Würfel schneiden, von der Brühe 3/8 l abmessen
200 g Champignons (aus der Dose)	abtropfen lassen, kleinschneiden
30 g Butter oder Margarine	zerlassen, die Fleischwürfel kurz darin erhitzen, die Champignons hinzufügen, miterhitzen, mit
Salz	würzen, warm stellen
40 g Butter oder Margarine	zerlassen
40 g Weizenmehl	unter Rühren so lange darin erhitzen, bis es hellgelb ist
	die Fleischbrühe hinzugießen, mit einem Schneebesen durchschlagen, die Sauce zum Kochen bringen, etwa 10 Minuten ziehen lassen
1/8 l Sahne	mit
1 Eigelb	verschlagen, die Sauce damit abziehen, die kleingeschnittenen Zutaten unterheben
	das Ragout mit
Zitronensaft	
Weißwein	abschmecken, in eine mit
Butter oder Margarine	gefettete Auflaufform füllen, mit
geriebenem Käse	
Semmelmehl	bestreuen
Butter	in Flöckchen darauf setzen, im Backofen überbacken

Kochzeit für das *Fleisch:*	Etwa 50 Minuten
für die Sauce:	Etwa 10 Minuten

Einstellung für den Backofen	
Gas:	Regler 3 1/2– 4 1/2
Strom:	Regler 200–225
Backzeit:	Etwa 30 Minuten
Beigabe:	Toast oder Butter
Getränk:	Cinzano dry

Putensalat

300 g Putenfleisch (gekocht oder gebraten)	
2 Äpfel	schälen, vierteln, entkernen
2 große Essiggurken	
	die Zutaten in Streifen schneiden
	eine Mayonnaise bereiten aus:
1 Eigelb	
1 Eßl. Essig oder Zitronensaft	
1–2 Teel. Senf	
Salz	
1 Teel. Zucker	
1/8 l Salatöl	
1 Eßl. Tomatenketchup	
3 Eßl. saure Sahne	unter die Mayonnaise rühren, die Zutaten damit binden, den Salat durchziehen lassen, nach Belieben auf
Salatblättern	anrichten, mit
Tomatenecken	
Eischeiben	garnieren
Beigabe:	Toast, Butter
Getränk:	Madeira
Veränderung:	4–6 Äpfel waschen, sorgfältig aushöhlen, das Innere in Streifen schneiden, wie oben beschrieben verarbeiten den Salat in die Äpfel füllen, auf einer Platte anrichten

Putenschenkel in Weinsauce

1 Putenoberschenkel (etwa 1 kg)	waschen, abtrocknen, mit
Salz	
Pfeffer	
Paprika edelsüß	einreiben
3 Eßl. Speiseöl	erhitzen, das Fleisch von allen Seiten gut darin anbraten
2 Zwiebeln	abziehen, vierteln, dazugeben, miterhitzen von
1/4 l Weißwein	1/8 l hinzugießen
8 Wacholderbeeren	
Thymian	hinzufügen, das Fleisch schmoren lassen, ab und zu wenden, mit dem Bratensatz begießen, verdampfte Flüssigkeit nach und nach ersetzen, das gare Fleisch von den Knochen lösen, in Portionsstücke schneiden, auf einer vorgewärmten Platte anrichten, warm stellen
250 g grüne Weintrauben	waschen, halbieren, entkernen, in kleine Stükke schneiden den mit Wasser losgekochten Bratensatz durch ein Sieb gießen, zum Kochen bringen
1 Teel. Dr. Oetker Gustin	mit
1 Eßl. kaltem Wasser	anrühren, den Bratensatz damit binden, die Weintrauben hinzufügen, erhitzen, die Sauce mit Salz, Pfeffer,
Zucker	abschmecken, über das Fleisch geben oder getrennt dazureichen

Schmorzeit: 1 1/4 Stunden
Beigabe: Salzkartoffeln, Grüner Salat
Getränk: Weißwein

Putenleber nach Zigeuner Art

(2 Personen)

1 Putenleber	waschen, abtrocknen, in 2 Stücke schneiden, etwa 10 Minuten in
etwas kochendheiße Fleischbrühe (z.B. zubereitet mit ETO Klare Fleischsuppe)	legen
1–2 Äpfel	schälen, das Kerngehäuse mit einem Apfelausstecher entfernen, in 2 cm dicke Ringe schneiden
20 g Butter oder Margarine	zerlassen, die Apfelringe darin halbgar dünsten lassen
	die Leber aus der Brühe nehmen, abtrocknen
2 Scheiben gekochter Schinken (je 2–3 mm dick)	
	in jede Schinkenscheibe ein Stück Leber wikkeln
	die Apfelringe auf eine Porzellanplatte geben, die Schinkenrollen darauf legen, die Platte auf dem Rost in den Backofen schieben
	kurz vor Beendigung der Garzeit
1/8 l Sahne	über die Schinkenrollen gießen, die Platte nochmals in den Backofen schieben

Gas:	Regler 5 Minuten vorheizen 3–4, garen 3–4
Strom:	Regler 175–200
Garzeit:	Etwa 15 Minuten
Beigabe:	Kartoffelbrei
Getränk:	Rotwein

Putenrollbraten

1 Putenrollbraten (600–750 g)	waschen, abtrocknen, mit
Salz	
Pfeffer	
Paprika edelsüß	einreiben
2 Zwiebeln	abziehen, vierteln
20 g Margarine	zerlassen, das Fleisch von allen Seiten darin anbraten die Zwiebelviertel hinzufügen, bräunen lassen etwas von
1/4–1/2 l heißem Wasser	hinzugießen, das Fleisch schmoren lassen, ab und zu wenden, mit dem Bratensatz begießen, verdampfte Flüssigkeit nach und nach ersetzen, das gare Fleisch in Scheiben schneiden, auf einer vorgewärmten Platte anrichten, warm stellen den mit Wasser losgekochten Bratensatz durch ein Sieb gießen, zum Kochen bringen
1 schwach gehäuften Teel. Dr. Oetker Gustin	mit
1 Eßl. kaltem Wasser	anrühren, den Bratensatz damit binden, die Sauce mit Salz abschmecken den Putenrollbraten mit
Tomatenachteln	
Petersilie	garnieren

Schmorzeit: Etwa 1 Stunde
Beigabe: Salzkartoffeln, Salat- oder Gemüseplatte
Getränk: Weißwein

Puterwürfel mit Champignons

1/2 küchenfertigen Puter (etwa 1 1/2 kg)	waschen, abtrocknen
Suppengrün (Möhre, Porree, Sellerie)	putzen, waschen, kleinschneiden
2 Zwiebeln	abziehen, mit
2 Nelken	spicken, mit dem Fleisch, dem Suppengrün
1 Lorbeerblatt	in
2 l kochendes Salzwasser	geben, zum Kochen bringen, gar kochen lassen das Fleisch von den Knochen lösen, in Würfel schneiden, warm stellen die Brühe durch ein Sieb gießen, 1/2 l davon abmessen
50 g Butter oder Margarine	zerlassen
50 g Weizenmehl	unter Rühren so lange darin erhitzen, bis es hellgelb ist die Fleischbrühe hinzugießen, mit einem Schneebesen durchschlagen, die Sauce zum Kochen bringen, etwa 10 Minuten ziehen lassen
1 Eigelb	mit
1/8 l Sahne	verschlagen, die Sauce damit abziehen, mit
Weißwein Zitronensaft	abschmecken
250 g Champignons (aus der Dose)	abtropfen lassen, nach Belieben halbieren oder vierteln, mit dem Fleisch unter die Sauce rühren, nochmals kurz erhitzen (nicht kochen)

Kochzeit	
für das Fleisch:	Etwa 1 3/4 Stunden
für die Sauce:	Etwa 10 Minuten
Beigabe:	Brühreis
Getränk:	Weißwein

Gefülltes Hähnchen

	Für die Füllung
30 g Butter oder Margarine	schaumig rühren
1 Ei Salz Paprika edelsüß Thymian Zucker abgeriebene gelbe Zitronenschale (ungespritzt)	nach und nach hinzufügen
2 große Zwiebeln	abziehen, würfeln
20 g Butter oder Margarine	zerlassen, die Zwiebelwürfel mit
4 Eßl. gehackter Petersilie	darin dünsten, abkühlen lassen, zu der Eimasse geben
40 g Haselnußkerne	hacken
1 kleinen Apfel	schälen, vierteln, entkernen, raspeln
30 g Semmelmehl	
	die Zutaten unter die Eimasse rühren, mit Salz, Paprika, Thymian, Zucker abschmecken
1 küchenfertiges Hähnchen (etwa 1 kg)	waschen, abtrocknen, innen und außen mit Salz einreiben, füllen, zunähen, Keulen und Flügel mit einem Bindfaden am Rumpf festbinden, mit
50 g fetten Speckscheiben	belegen
40 g Butter oder Margarine	in einer Rostbratpfanne zerlassen, das Hähnchen hineinlegen, in den Backofen schieben sobald der Bratensatz bräunt, nach und nach
1/8 l heißes Wasser	hinzugießen, das Hähnchen braten lassen, ab und zu mit dem Bratensatz begießen das gare Hähnchen von den Fäden befreien, die Füllung herausnehmen, das Hähnchen in Por-

	tionsstücke schneiden, mit der Füllung auf einer vorgewärmten Platte anrichten, warm stellen
	den mit Wasser losgekochten Bratensatz evtl. auf 1/8 l ergänzen, zum Kochen bringen
1 schwach gehäuften Teel. Dr. Oetker Gustin	mit
4 Eßl. saurer Sahne	anrühren, den Bratensatz damit binden
	das Fleisch mit der Sauce servieren

Gas: Regler 3 1/2–4 1/2 (Rostbratpfanne muß in der Mitte des Backofens sein)

Strom: Regler 230–240 (Rostbratpfanne auf die untere Schiene schieben)

Bratzeit: 50–60 Minuten.

Beigabe: Pommes frites.

Getränk: Rotwein.

Geflügelkeulen mit geschmorten Möhren

750 g Möhren	schrappen, waschen, in etwa 1/2 cm breite Stifte schneiden
4 Hühnerkeulen	waschen, abtrocknen, mit
Salz	
Pfeffer	
Paprika edelsüß	einreiben
40 g Margarine	zerlassen, das Fleisch von allen Seiten gut darin anbraten
3 Zwiebeln	abziehen, in Scheiben schneiden, dazugeben, miterhitzen, die Möhren hinzufügen, mit Salz, Pfeffer würzen
1/8 l heißes Wasser	hinzugießen, das Gericht schmoren lassen, ab und zu durchrühren
	die garen Hühnerkeulen auf eine vorgewärmte Platte legen, warm stellen
1/8 l heißes Wasser	zu dem Gemüse gießen, aufkochen lassen
1 gehäuften Teel.	
Dr. Oetker Gustin	mit
1 Eßl. kaltem Wasser	anrühren, das Gemüse damit binden, mit Salz, Pfeffer abschmecken, über die Hühnerkeulen geben, mit
1 Eßl. gehackter	
Petersilie	bestreuen

Schmorzeit: Etwa 30 Minuten
Beigabe: Salzkartoffeln
Getränk: Bier

Farbtafeln

Auf den folgenden acht Seiten finden Sie Farbfotos zu diesen Rezepten:

Geflügelgeschnetzeltes in Sahnesauce

500 g Hühnerbrust	waschen, abtrocknen, in dünne Scheiben schneiden, mit
Salz	
Pfeffer	
Paprika edelsüß	bestreuen
30 g Butter oder Margarine	zerlassen, das Fleisch in etwa 7 Minuten darin goldbraun braten
30 g Weizenmehl	darüber stäuben, unter Rühren durchdünsten lassen
150 g Champignons (aus der Dose)	abtropfen lassen, in Scheiben schneiden, die Flüssigkeit auffangen, mit Wasser auf 1/4 l ergänzen, zu dem Fleisch geben, unter Rühren aufkochen lassen die Champignons,
1/8 l Sahne	dazugeben, zum Kochen bringen, 5 Minuten kochen lassen, kräftig mit Salz, Pfeffer, Paprika abschmecken

Garzeit: 15–20 Minuten
Beigabe: Salzkartoffeln, Salate
Getränk: Weißwein

Hähnchen mit Champignons

1 küchenfertiges Hähnchen (etwa 1 kg)	waschen, abtrocknen, in Portionsstücke schneiden, mit
Salz	einreiben
50 g mageren Speck	in Würfel schneiden, in einer Auflaufform auslassen
30 g Butter oder Margarine	dazugeben
	die Fleischstücke von allen Seiten gut darin anbraten
2 große Zwiebeln	abziehen, würfeln
250 g Champignons	putzen, waschen, in Scheiben schneiden, zu dem Fleisch geben, kurze Zeit miterhitzen
500 g rohe Kartoffeln (vorbereitet gewogen)	waschen, in Würfel schneiden, über das Fleisch-Gemüse verteilen, mit Salz bestreuen
	alle Zutaten etwa 20 Minuten in der geschlossenen Auflaufform schmoren lassen
1/4 l Fleischbrühe (z. B. zubereitet mit ETO Klare Fleischsuppe)	
1/8 l saure Sahne	hinzugießen, etwa 10 Minuten schmoren lassen
3 Teel. Dr. Oetker Gustin	mit
1 Eßl. kaltem Wasser	anrühren, die Flüssigkeit damit binden, die Sauce mit Salz,
Pfeffer	abschmecken
Schmorzeit:	Etwa 30 Minuten
Getränk:	Weißwein

Garniertes Hähnchen

1 küchenfertiges Hähnchen (etwa 1 kg)	waschen, abtrocknen, in Portionsstücke schneiden, mit
Salz	einreiben
4 Eßl. Olivenöl	erhitzen, die Fleischstücke von allen Seiten gut darin anbraten
2–3 große Zwiebeln	abziehen, würfeln
4 große Tomaten	kurze Zeit in kochendes Wasser legen, in kaltem Wasser abschrecken, enthäuten, in Scheiben schneiden
1 großen Apfel	schälen, vierteln, entkernen, raspeln
etwas Knoblauchzehe	kleinschneiden
	die Zutaten zu dem Hähnchen geben, miterhitzen
	nach etwa 10 Minuten
1/8 l Weißwein	hinzugießen, das Hähnchen in etwa 35 Minuten gar schmoren lassen
	die Fleischstücke auf eine vorgewärmte Platte legen, warm stellen
1–2 gestrichene Teel. Dr. Oetker Gustin	mit
1 Eßl. Weißwein	anrühren, die Brühe damit binden
	die Sauce mit Wein, Salz,
Zucker	
gemahlenem Zimt	süß-säuerlich abschmecken, über das Fleisch verteilen oder getrennt dazureichen
4 Äpfel	waschen (nach Belieben schälen), das Kerngehäuse mit einem Apfelausstecher entfernen, in gut 1 cm dicke Ringe schneiden, in
20 g zerlassener Butter	weich dünsten lassen, um das Fleisch legen, mit
Petersilie	garnieren

Schmorzeit:	Etwa 45 Minuten
Beigabe:	Butterkartoffeln, Selleriesalat
Getränk:	Weißwein

Geflügelpizza

	Einen Knetteig bereiten aus:
175 g Weizenmehl	
Salz	
2 Eßl. Wasser	
100 g Butter oder Margarine	
	sollte der Teig kleben, noch
etwas Weizenmehl	unterkneten, den Teig etwas größer als einen Springformboden (Durchmesser etwa 26 cm) ausrollen, in die Form legen, den Rand etwa 1 1/2 cm hochdrücken, den Teigboden mehrmals mit einer Gabel einstechen, in den Backofen schieben
Gas:	Regler 5 Minuten vorheizen 3–4, backen 3–4
Strom:	Regler 200–225
Backzeit:	Etwa 15 Minuten
	für den Belag
500–600 g Hühnerkeulen	waschen, abtrocknen, das Fleisch von den Knochen lösen, in Würfel schneiden, auf dem Teigboden verteilen
2 Zwiebeln	abziehen, würfeln
75 g mageren Speck	in Würfel schneiden, mit den Zwiebelwürfeln,
Salz	
Kümmel	über das Fleisch geben
3 Eier	mit
1/8 l saurer Sahne	verschlagen, über das Fleisch gießen die Backform mit
Dr. Oetker alufolie	verschließen, noch einmal auf dem Rost in den Backofen schieben
Backzeit:	Etwa 30 Minuten (Reglerstellung s. oben)
Beigabe:	Kopf- Tomaten- oder Gurkensalat
Getränk:	Rotwein

Curry-Hähnchen

Farbfoto auf Seite 106

1 küchenfertiges Hähnchen (etwa 1 kg)	waschen, abtrocknen, in 4 Portionsstücke schneiden, mit
Salz	einreiben
2 große Zwiebeln	abziehen, würfeln
500 g Bananen	schälen, in Scheiben schneiden
3 Eßl. Speiseöl	in einer Auflaufform erhitzen, die Zwiebelwürfel darin andünsten, die Bananenscheiben,
40 g abgezogene, halbierte Mandeln	hinzugeben, kurze Zeit miterhitzen die Fleischstücke in die Auflaufform legen.
200 g Brühreis (z. B. Patna)	waschen, darüber verteilen
3/4 l heiße Fleischbrühe (z. B. zubereitet mit ETO Klare Fleischsuppe)	mit
1–2 Teel. Currypulver	abschmecken, über Fleischstücke und Reis gießen, die Form mit einem Deckel oder Dr. Oetker alufolie verschließen, in den Backofen schieben

Gas:	Regler 5 Minuten vorheizen 3–4, garen 3–4
Strom:	Reglor 200–225
Garzeit:	Etwa 40 Minuten
Beigabe:	Kopfsalat
Getränk:	Bier

Hähnchen Hawaii

1 küchenfertiges Hähnchen (etwa 1 kg)	waschen, abtrocknen, innen und außen mit
Salz	einreiben, mit
80 g fetten Speckscheiben	belegen
40 g Butter oder Margarine	in einer Rostbratpfanne zerlassen, das Hähnchen hineinlegen, in den Backofen schieben nach und nach
1/8 l heißes Wasser	hinzugießen, das Hähnchen braten lassen, ab und zu mit dem Bratensatz begießen
	das gare Hähnchen in Portionsstücke schneiden, auf einer vorgewärmten Platte anrichten, warm stellen
	den mit Wasser losgekochten Bratensatz evtl. auf 1/8 l ergänzen, zum Kochen bringen
1 Teel. Dr. Oetker Gustin	mit
3 Eßl. saurer Sahne	anrühren, den Bratensatz damit binden, die Sauce mit Salz,
Ananassaft	abschmecken
8 Scheiben Ananas (aus der Dose)	abtropfen lassen
20 g Butter	zerlassen, die Ananasscheiben von beiden Seiten kurz darin braten, mit dem Hähnchen anrichten, mit der Sauce servieren

Gas: Regler 3–4
Strom: Regler 225–250
Bratzeit: 50–60 Minuten
Beigabe: Kartoffelkroketten
Getränk: Rotwein

Budapester Salat

1 küchenfertiges Hähnchen (etwa 1 kg)	waschen, abtrocknen
Suppengrün (Möhre, Porree, Sellerie)	putzen, waschen, kleinschneiden das Hähnchen mit dem Suppengrün in
1 1/2–2 l kochendes Salzwasser	geben, zum Kochen bringen, gar kochen lassen, das Fleisch von den Knochen lösen
120 g Tomatenpaprika (aus dem Glas)	abtropfen lassen
2 Gewürzgurken	
1 Apfel	schälen, vierteln, entkernen die Zutaten in Streifen schneiden eine Salatsauce bereiten aus:
3 Eßl. Salatöl	
2 Eßl. Kräuteressig	
2 Eßl. Wasser	
1 gehäuften Eßl. geschnittenem Schnittlauch	
Salz	
Pfeffer	
	die Salatzutaten mit der Sauce vermengen, den Salat gut durchziehen lassen, evtl. mit Salz, Pfeffer abschmecken, mit
Petersilie	garnieren
Kochzeit:	45–50 Minuten
Beigabe:	Toast, Butter
Getränk:	Weißwein oder Bier

Hähnchen in Rotwein

1 küchenfertiges Hähnchen (etwa 1 kg)	waschen, abtrocknen, in Portionsstücke schneiden, mit
Salz	einreiben
100 g mageren Speck	in Würfel schneiden, auslassen, die Fleischstücke von allen Seiten darin anbraten
2 große Zwiebeln	abziehen, würfeln
etwas Knoblauchzehe	kleinschneiden
200 g Champignons (aus der Dose)	abtropfen lassen, in Scheiben schneiden, hinzufügen, miterhitzen, nach etwa 10 Minuten
1/8 l Rotwein	und das Champignonwasser (aufgefüllt mit Wasser auf 1/4 l Flüssigkeit)
1/2 Brühwürfel (z. B. ETO Klare Fleischsuppe)	dazugeben, schmoren lassen die garen Fleischstücke in eine vorgewärmte Schüssel legen, warm stellen
4 gestrichene Teel. Dr. Oetker Gustin	mit
3 Eßl. Rotwein	anrühren, die Brühe damit binden, die Sauce mit Salz,
Zucker	abschmecken, über das Fleisch geben
Schmorzeit:	Etwa 35 Minuten
Beigabe:	Butternudeln
Getränk:	Rotwein

Geflügelleber auf Ananas

400 g Geflügelleber	kurz waschen, leicht abtrocknen, in sehr kleine Stücke schneiden
2 Zwiebeln	abziehen, würfeln
8 Scheiben Weißbrot	in der Größe von Ananasscheiben schneiden, in
etwas zerlassener Butter	goldbraun rösten, herausnehmen
Petersilie	fein hacken, mit den Geflügelleberstückchen, den Zwiebelwürfeln in der erhitzten Butter kurz braten
4 Eßl. saure Sahne	unterrühren, die Masse mit
Zitronensaft oder Wein	
Salz	abschmecken
8 Scheiben Ananas	
(aus der Dose)	abtropfen lassen, auf jede geröstete Brotscheibe eine Scheibe Ananas legen, die Lebermasse bergförmig darüber verteilen

Bratzeit: Etwa 8 Minuten
Getränk: Madeira

Backhähnchen

Farbfoto auf Seite 107

1 küchenfertiges Hähnchen (etwa 1 kg)	waschen, abtrocknen, in 8 Portionsstücke schneiden, mit
Salz	
Senf	einreiben
	die Fleischstücke zuerst in
30 g Weizenmehl	dann in
1 verschlagenen Ei	zuletzt in
30 g Semmelmehl	wenden
	die Fleischstücke schwimmend in siedendem
Ausbackfett	goldbraun backen (das Fett darf während des Backens nicht zu heiß werden), auf einem Rost abtropfen lassen, nach Belieben mit
Petersilie	garnieren, auf einer Platte anrichten

Ausbackzeit: Etwa 10 Minuten
Beigabe: Kartoffelsalat
Getränk: Bier oder Rotwein

Gemüsehähnchen

1 grüne Paprikaschote	halbieren, entstielen, entkernen, waschen, die weißen Scheidewände entfernen, in Streifen schneiden
250 g Tomaten	kurze Zeit in kochendes Wasser legen, in kaltem Wasser abschrecken, enthäuten, vierteln
2 große Zwiebeln	abziehen, würfeln
50 g Schweineschmalz	zerlassen, die Zwiebelwürfel darin andünsten, das übrige Gemüse hinzufügen, mitdünsten lassen, mit
1–2 Eßl. Paprika edelsüß	abschmecken
1 küchenfertiges Hähnchen (etwa 1 kg)	waschen, gut abtrocknen, halbieren, mit
Salz	einreiben, auf das Gemüse legen
1/4 l heißes Wasser	hinzugießen, schmoren lassen, etwa 10 Minuten vor Beendigung der Schmorzeit
1/8 l saure Sahne	über das Fleisch gießen, mitschmoren lassen, die garen Fleischstücke in eine vorgewärmte Schüssel legen
2 Eßl. Weizenmehl	mit
3 Eßl. kaltem Wasser	anrühren, das Gemüse damit binden, mit Salz,
Zucker	abschmecken, über das Fleisch geben

Schmorzeit: Etwa 45 Minuten
Beigabe: Salzkartoffeln
Getränk: Bier

Hähnchenbrustfilets, amerikanisch

2 Packungen (je 300 g) Hähnchenbrustfilets von Dr. Oetker Tiefkühl-Markt	
50 g Margarine	zerlassen, die gefrorenen Filets hineingeben, von beiden Seiten darin goldbraun braten, auf einer vorgewärmten Platte anrichten, warm stellen
250 g Paprikastückchen (aus dem Glas)	
250 g Maiskörner (aus der Dose)	
	beide Zutaten abtropfen lassen
30 g Butter	zerlassen, das Gemüse darin dünsten lassen
1 Eßl. gehackte Petersilie	
1 Eßl. feingeschnittenen Schnittlauch	hinzufügen, mit
Salz	abschmecken
	das Gemüse zu dem Fleisch geben, mit
Tomatenachteln	
Petersilie	garnieren

Bratzeit: Etwa 10 Minuten
Dünstzeit: Etwa 8 Minuten
Beigabe: Kartoffelkroketten oder Butterkartoffeln
Getränk: Weißwein oder Bier

Geflügelschaschlik

500 g Hühnerbrust	waschen, abtrocknen
100 g durchwachsener Speck	
	beide Zutaten in etwa 2 cm große Würfel schneiden
2–3 Scheiben Ananas (aus der Dose)	abtropfen lassen, in nicht zu kleine Stücke schneiden, das Fleisch mit
Salz	
Pfeffer	würzen, abwechselnd mit den Speckwürfeln, den Ananasstücken auf Spieße stecken
40 g Margarine	in einer Bratpfanne zerlassen, die Fleischspieße von allen Seiten darin goldbraun braten, auf einer vorgewärmten Platte anrichten, mit
Tomatenachteln	
Petersilie	garnieren
Bratzeit:	Etwa 8 Minuten
Beigabe:	Butterreis oder Kartoffelbrei, Grüner Salat
Getränk:	Bier

Geflügelaspik

1 Päckchen Dr. Oetker Regina-Gelatine gemahlen, weiß	mit
5 Eßl. kaltem Wasser	anrühren, 10 Minuten zum Quellen stehenlassen, unter Rühren erwärmen, bis sie gelöst ist, kühl stellen
250 g Geflügelfleisch (gekocht oder gebraten)	
100 g Champignons (aus der Dose)	abtropfen lassen
1 Tomate	waschen die Zutaten in Würfel schneiden, in eine Schüssel geben, mit
Salz	
Madeira	abschmecken
1/8 l Wasser	mit
1/8 l Weißwein	
4 Eßl. Kräuteressig	mischen, die lauwarme Gelatinelösung hinzufügen, mit Madeira, Salz, Zucker abschmecken nach Belieben eine Kasten- oder Rehrückenform (etwa 30 cm lang) oder mehrere kleine Formen leicht mit
Speiseöl	auspinseln, so viel von der Aspikflüssigkeit hineingießen, daß der Boden etwa 1 cm hoch bedeckt ist, die Form kalt stellen, wenn die Schicht erstarrt ist, sie mit
Tomatenscheiben	
Petersilie	
Eischeiben	garnieren, vorsichtig einige Eßl. Aspikflüssigkeit darüber gießen, die Form wieder kalt stellen über das erstarrte Aspik den Geflügelsalat gleichmäßig verteilen, die restliche Flüssigkeit darüber gießen, die Form kalt stellen wenn das Aspik schnittfest geworden ist, es mit einem Messer vom Rand der Form lösen (evtl. die Form vorher kurz in heißes Wasser halten),

	auf eine Platte stürzen, nach Belieben mit Petersilie,
Apfelsinenspalten	
Weintrauben	
	garnieren
Beigabe:	Toast, Obstkompott (Johannisbeeren, Stachelbeeren, Renekloden), gefüllte Pampelmusenhälften
Getränk:	Weißwein oder Bier

Geflügel-Cocktail

Farbfoto auf Seite 108

1 küchenfertiges Hähnchen (etwa 1 kg)	waschen
Suppengrün (Möhre, Porree, Sellerie)	putzen, waschen, kleinschneiden, mit dem Hähnchen in
1 1/2–2 l kochendes Salzwasser	geben, zum Kochen bringen, gar kochen lassen das Fleisch von den Knochen lösen, in Streifen schneiden
3 Scheiben Ananas (aus der Dose)	abtropfen lassen, den Saft auffangen, die Ananasscheiben in Streifen schneiden, mit dem Fleisch,
2 Eßl. Ananassaft	vermengen, mit
Salz Pfeffer	abschmecken
2 hartgekochte Eier	pellen, in Scheiben schneiden (pro Person 1 Scheibe zum Garnieren zurücklassen) nach Belieben Dr. Oetker „Wünsch-Dir"-Cocktail-Gläser mit
Salatblättern	auslegen, das Geflügelfleisch mit den restlichen Eischeiben darin anrichten
1/8 l Sahne	1/2 Minute schlagen
1 Teel. Dr. Oetker Sahnesteif	hinzufügen, die Sahne steif schlagen
2 schwach gehäufte Eßl. Mayonnaise	
1 Eßl. Ananassaft	darunter rühren, mit Salz, Pfeffer,
Zitronensaft Zucker 2 Eßl. Portwein	abschmecken, die Sauce über den Cocktail geben, mit
gerösteten Spaltmandeln	bestreuen, mit

Tomaten- und Eischeiben gehackter Petersilie	garnieren

Kochzeit:	Etwa 45 Minuten
Beigabe:	Toast
Getränk:	Weißwein oder Sherry

Huhn in Nudelsuppe

1 küchenfertiges Suppenhuhn (etwa 1 kg)	waschen
Suppengrün (Möhre, Porree, Sellerie, Petersilienwurzel)	putzen, waschen, kleinschneiden
1 Zwiebel	abziehen, vierteln, mit dem Huhn, dem Suppengrün,
1 Lorbeerblatt	in
2 l kochendes Salzwasser	geben, zum Kochen bringen, gar kochen lassen
•	das Huhn von den Knochen lösen, in Streifen schneiden die Brühe durch ein Sieb gießen, das Suppengrün herausnehmen
100 g Bandnudeln	in
1 l kochendes Salzwasser	geben, zum Kochen bringen, gar kochen lassen, auf ein Sieb geben, mit kaltem Wasser übergießen, mit dem Fleisch, dem Suppengrün in die Brühe geben, die Suppe zum Kochen bringen, mit
Salz geriebener Muskatnuß Suppenwürze	abschmecken, mit
gehackter Petersilie	bestreuen

Kochzeit *für das Huhn:* 1 1/2 Stunden
Für die Bandnudeln: Etwa 10 Minuten
Beigabe: Landbrot
Getränk: Bier oder Weißwein

Königinpastete

Farbfoto auf Seite 109

750 g Hühnerbrust (mit Knochen)	waschen, in
1 l kochendes Salzwasser	geben, zum Kochen bringen, gar kochen lassen das Fleisch von den Knochen lösen, in kleine Würfel schneiden die Brühe durch ein Sieb gießen, 1/4 l davon abmessen für die Sauce
30 g Butter oder Margarine	zerlassen
30 g Weizenmehl	unter Rühren so lange darin erhitzen, bis es hellgelb ist, die Fleischbrühe hinzugießen, die Sauce zum Kochen bringen, etwa 10 Minuten ziehen lassen
60 g Champignons (aus der Dose)	abtropfen lassen, die Flüssigkeit auffangen
6 Eßl. Sahne *3 Eßl. Champignonflüssigkeit*	zu der Sauce geben, das Fleisch, die Champignons hinzufügen, mit
Salz, Pfeffer *Zitronensaft*	abschmecken von
4–6 Blätterteigpasteten (fertig gekauft)	Hülsen und Deckel auf ein Backblech legen, im Backofen aufwärmen das Ragout in die Pasteten füllen, etwas daneben auf die Teller geben, die Deckel auf die Pasteten setzen, mit
Tomatenachteln *Zitronenscheiben* *Petersilie*	garnieren
Kochzeit *für das Fleisch:*	Etwa 30 Minuten
für die Sauce:	Etwa 10 Minuten

Einstellung für den Backofen	
Gas:	Regler 5 Minuten vorheizen 3 1/2–4 1/2, aufwärmen 3 1/2–4 1/2
Strom:	Regler 200–225
Zeit zum Aufwärmen:	Etwa 5 Minuten
Getränk:	Sherry

Hühnercurry

1 küchenfertiges Huhn (etwa 1 kg)	waschen, abtrocknen
Suppengrün (Möhre, Porree, Sellerie)	putzen, waschen, kleinschneiden
	das Huhn mit dem Suppengrün in
1 1/2–2 l kochendes Salzwasser	geben, zum Kochen bringen, gar kochen lassen
	das Fleisch von den Knochen lösen, in Streifen schneiden, die Brühe durch ein Sieb gießen, 1/2 l davon abmessen
2 Möhren	
1 Stück Sellerie	beide Zutaten putzen, waschen, in kleine Würfel schneiden
1 Stück Porree	putzen, waschen, in feine Streifen schneiden
1 Zwiebel	abziehen, würfeln
40 g Margarine	zerlassen, das Gemüse etwa 10 Minuten darin dünsten lassen
1 1/2 Eßl. Currypulver	dazugeben, kurz durchdünsten
	das Hühnerfleisch in dem Gemüse erhitzen, die Hühnerbrühe hinzugießen, zum Kochen bringen
3 Scheiben Ananas (aus der Dose)	abtropfen lassen
1 Banane	schälen
1 Apfel	schälen, halbieren, entkernen
	das Obst in kleine Stücke schneiden, zu dem Curryfleisch geben, 3–5 Minuten ziehen lassen, mit
Salz	
Zucker	abschmecken

Garzeit:	Etwa 1 1/2 Stunden
Beigabe:	Butterreis, Grüner Salat
Getränk:	Weißwein oder Bier

Geflügelkeulen nach Art der Provence

Farbfoto auf Seite 110

4 Hühnerkeulen (etwa 800 g)	waschen, abtrocknen, mit
Salz	
Pfeffer	
Paprika edelsüß	einreiben
3 Zwiebeln	abziehen, in Scheiben schneiden
500 g Tomaten	kurze Zeit in kochendes Wasser legen, in kaltem Wasser abschrecken, enthäuten, in Streifen schneiden
3 Eßl. Speiseöl	erhitzen, das Fleisch von allen Seiten gut darin anbraten, Zwiebeln und Tomaten dazugeben, mit Salz, Pfeffer würzen, etwa 25 Minuten schmoren lassen
	die garen Geflügelkeulen auf einer vorgewärmten Platte anrichten, warm stellen
150 g Champignons (aus der Dose)	mit der Flüssigkeit,
100 g schwarze Oliven	zu dem Gemüse geben, miterhitzen
2 Teel. Dr. Oetker Gustin	mit
2 Eßl. kaltem Wasser	anrühren, das Gericht damit binden, mit Salz, Pfeffer, Zucker abschmecken, über das Fleisch geben, mit
gehackter Petersilie	bestreuen

Schmorzeit: Etwa 25 Minuten
Beigabe: Nudeln, Reis oder Salzkartoffeln, Grüner Salat
Getränk: Bier

Geflügelomelette

	Für die **Füllung**
400 g Hühnerbrust	waschen, abtrocknen, in etwa 1 cm große Würfel schneiden, mit
Salz	
Pfeffer	bestreuen
25 g Margarine	zerlassen, das Fleisch von allen Seiten gut darin anbraten
15 g Weizenmehl	darüber stäuben, unter Rühren durchdünsten lassen
etwa 270 g Spargelstücke (aus der Dose)	abtropfen lassen, die Flüssigkeit auffangen, 1/8 l davon abmessen, zu dem Fleisch geben, aufkochen lassen, die Spargelstücke hinzufügen, erhitzen, etwa 5 Minuten ziehen lassen, mit Salz abschmecken
1 Eßl. gehackte Petersilie	dazugeben
	für die **Omeletts**
8 Eier	mit
1/8 l Milch	verschlagen, mit Salz, Pfeffer,
geriebener Muskatnuß	abschmecken
Butter	in einer Stielpfanne (Durchmesser 18–20 cm) zerlassen, 1/4 der Eimasse hineingeben, etwas stocken lassen, einen Deckel auf die Pfanne legen, die Masse weiter stocken lassen 1/4 der Füllung auf eine Hälfte des Omelettes legen, die andere Hälfte darüber schlagen, das Omelette auf einer vorgewärmten Platte warm stellen aus der restlichen Menge noch 3 weitere Omeletts auf die gleiche Art zubereiten die Omelettes mit
Tomatenecken	
Petersilie	garnieren, sofort servieren

Garzeit *für die Füllung:*	Etwa 15 Minuten
Backzeit *je Omelette:*	Etwa 5 Minuten
Beigabe:	Grüner Salat
Getränk:	Weißwein oder Bier

Club-Sandwich

Farbfoto auf Seite 111

2 Hühnerbrüste (etwa 400 g)	waschen, abtrocknen, in 4 Hälften teilen, mit
Salz	
Pfeffer	bestreuen
2 Scheiben durchwachsenen Speck (100 g)	halbieren, von beiden Seiten in einer Stielpfanne braten, herausnehmen, die Hühnerbrüste hineingeben, von beiden Seiten darin goldbraun braten
2 hartgekochte Eier	pellen
2 Tomaten	waschen
	beide Zutaten in Scheiben schneiden
8 Scheiben Weißbrot (am besten Toastbrot)	toasten, 4 Scheiben mit
Butter	bestreichen
4 Salatblätter	darauf legen, mit
1 1/2 Eßl. Mayonnaise	
1 1/2 Eßl. Tomatenketchup	bestreichen, die Hühnerbrüste darauf legen, mit
1 Eßl. Mayonnaise	
1 Eßl. Tomatenketchup	bestreichen
	die Tomaten- und Eischeiben darauf verteilen, mit Salz, Pfeffer bestreuen
etwas feingeschnittenen Schnittlauch	darüber streuen, die Speckscheiben darüber legen, mit den übrigen Toastscheiben bedekken

Bratzeit: Etwa 15 Minuten
Getränk: Bier

Pikante Geflügelkeulen mit Obstbeilage

Farbfoto auf Seite 112

4 Hühnerkeulen (etwa 700 g)	waschen, abtrocknen, mit
Salz	
Pfeffer	einreiben, von allen Seiten mit
Senf	bestreichen
3 Eßl. Speiseöl	erhitzen, das Fleisch darin goldbraun braten, auf einer vorgewärmten Platte anrichten, warm stellen
2 Äpfel	schälen, das Kerngehäuse mit einem Apfelausstecher entfernen, in 1 cm dicke Ringe schneiden
2 Bananen	schälen, längs und quer halbieren
30 g Butter	zerlassen, das Obst darin goldbraun braten, mit dem Fleisch anrichten

Bratzeit
für das Fleisch: Etwa 35 Minuten
für das Obst: Etwa 5 Minuten
Beigabe: Butterreis, Grüner Salat
Getränk: Weißwein

Rezeptverzeichnis

Rezepte, alphabetisch